U0120284

Shore of Pearls

珠崖

Hainan Island in Early Times

12世纪之前的海南岛

[美] 薛爱华（Edward Hetzel Schafer）

程章灿、陈灿彬——译

九州出版社

JIUZHOUPRESS

谨以此书纪念阿瑟·魏理

唐宋帝国的东南边疆

读美国汉学家薛爱华的《闽国》和《珠崖》

一

　　10世纪初，在藩镇割据和黄巢起义的双重打击下，大唐帝国终于土崩瓦解，中国历史随后进入了以"五代十国"标名的分裂动乱的时代。所谓"五代"，指的是在中国北方地区先后出现的后梁、后唐、后晋、后汉和后周五个较强大的王朝。"朱李石刘郭，梁唐晋汉周。都来十五帝，播乱五十秋。"小说家施耐庵在《水浒传》一开篇引用这首据说出自北宋理学家邵雍的诗句，说的就是这5个朝代。从907年到960年，前后仅仅54年，在中原却轮替了5个朝代，走马灯似的更换了15个皇帝，平均每个皇帝在位时间不到4年，扰攘不休。后唐和后周的统治者，都曾以养子嗣位，如果考虑到五代时期这种独特的养子现象，那么，五代十五帝其实还不止五姓，而是八姓。怎一个乱字了得！

与五代几乎同时存在的，还有10个相对较小的地方性割据政权，史称十国（902—979）。其中9个在南方，即吴、南唐、吴越、楚、前蜀、后蜀、南汉、南平（荆南）、闽，只有1个在北方，那就是北汉。相对于五代而言，十国地盘较小，势力较弱，国势较强时，往往称王称帝，割据一方，有自己的国号和年号，一旦国力衰退，则夹起尾巴做人，尊奉北方朝廷的年号，而停用自家的王号和年号。在中国传统的纪传体正史中，关于五代十国这一段的正史有《新五代史》和《旧五代史》两种。《新五代史》将五代诸君主列入本纪，而将十国诸君主列入世家；《旧五代史》亦将五代诸君主列入本纪，而将十国诸君主列入世袭列传和僭伪列传。总而言之，十国与五代相比，有如小巫见大巫，等而下之。十国之间固然亦有相安无事乃至联姻结援的时候，如闽国和南汉之间就有政治联姻，但也不时发生利益冲突，彼此相争、远交近攻的例子并不罕见。另一方面，五代十国内部的政治斗争，王位继承权的抢夺，上下相斫，厮杀不断，给人的总体感觉，是政治残酷、人性堕落以及历史线索纷乱。史家面对这一段历史，常常产生治丝益棼的无力之感。因此，研究五代十国的学者，相对于研究唐代的学者要少得多；五代十国研究的深度和广度，也远不及唐代研究的深度和广度。这一点是显而易见的，也是容易理解的。

美国汉学家薛爱华的研究，就为此提供了生动而现成的例证。薛爱华一生出版了七部有关唐代的著作：《撒马尔罕的金桃：唐代舶来品研究》《朱雀：唐代的南方意象》《珠崖》《神女：唐代文学中的龙女与雨女》《步虚：唐代对星空的探讨》《唐代的茅山》《时间之海上的幻景：曹唐的道教诗歌》。他对大唐帝国的研究，涉及唐帝国的对外关系、唐帝国的南部边疆、唐代的神话传说与宗教信仰、唐人对于星空宇宙的认识等等，体现了他对唐朝历史文化的痴迷。但是，另一方面，我们也不能忽略，薛爱华对大唐帝国瓦解之后的五代十国，尤其十国这一段历史，同样也充满了兴趣。在十国中，他对南汉和闽国尤其情有独钟。他完成于1947年的博士学位论文，就是以南汉研究为题的。[1]在《朱雀》一书中，他也经常提到奢侈富庶的南汉帝国。[2]而他初版于1954年的《闽国》(*The Empire of Min: A South China Kingdom of the Tenth Century*)，可以说与其博士论文的研究思路一脉相承，延续了前一研究中重视唐帝国遗产与聚焦唐帝国边疆的研究思路。尽管如此，南汉研究（未正式出版的博士论文）和《闽国》，相对于另

1　参看拙撰《四裔、名物、宗教与历史想象》，《陕西师范大学学报》，2013年第1期。此文后来作为代译序，收入拙译《朱雀》《神女》（皆由生活·读书·新知三联书店于2014年出版），作为卷首。

2　程章灿、叶蕾蕾译《朱雀》，生活·读书·新知三联书店，2014年。

外七部唐研究专著而言，明显是少数。但是，从时间序列来看，南汉研究和闽国研究却是薛爱华在汉学研究上最初取得的成果，更重要的是，这两本书堪称薛爱华极富个人特色的汉学研究的先声。而在这两本书中，唯有《闽国》是公开出版的，更方便我们了解其中详情。

《闽国》一书以10世纪中国南方的王国为主题。顾名思义，薛爱华特别看重闽国在时间（"10世纪"）和空间（"南方"）两个方面的属性。关于10世纪这个时间点，薛爱华开门见山，在书中第一页就强调指出："在中国历史上，10世纪是最被忽视的时代之一。尤其是传统史学称为'五代'的这个时期，无论是中国学者还是外国学者，都不约而同地存在着重视不够的情形。""之所以忽视这一时期，一方面是因为研究那些大一统的王朝对于学者有更大的吸引力，另一方面则是因为中文文献资料相对匮乏。"[1]"天命世代传递的正统观念，使得对北方五代的研究显得比较彻底，而相对而言，对中国中部与南方十国的研究则几乎完全被忽视了，十国所宣称的正统性，并没有得到其后的帝国官方史学家承认。"[2]正如《闽国》一书"绪言"中所综

---

1 《闽国》和《珠崖》两书中文版由后浪出版引进。以下引用皆为中文版页码。《闽国·绪言》，页1。
2 《闽国·绪言》，页4。

述的，在薛爱华开始此项研究的20世纪50年代初，已有的闽国研究的成果，无论中文文献还是西文文献，都寥若晨星。对于很多学者，包括中国学者在内，甚至晚到20世纪80年代，闽国还是异常生疏的。[1]

在西方语言中，虽然有沙畹（Edouard Chavannes）和艾伯华（Wolfram Eberhard）等汉学名家开展了对十国的研究，但他们的研究并非专门针对闽国，在现代中文文献中，只有魏应麒《五代闽史稿之一》令人眼为之明，最值得重视。[2]可惜的是，魏应麒只完成了这一系列论文的第一篇，未竟其业。在宋代人手里编纂而成的《旧五代史》《新五代史》《资治通鉴》，不仅由于偏重政治史而失于肤浅，而且由于宋朝对十国怀有与生俱来的政治偏见和居高临下的"正统"歧视，对相关历史事实常做筛选过滤，致使诸多历史叙述变形，对于闽国的历史叙述，既稀少单薄，又未

1　在为《闽国》一书撰写的书评（The Far Eastern Quarterly, Vol.14, No.4, Special Number on Chinese History and Society, Aug,.1955, pp.562–565）中，柯迁儒（James I. Crump, Jr.）第一句即指出，很多西方学者面对书名，恐怕无法"顾名而思义"。即使在薛爱华《闽国》一书出版数十年后，学界对闽国的生疏犹未完全改观。有人甚至将这部《闽国》，错译为《五代时期的唐闵帝》，见中国社会科学院文献情报中心编，孙越生、陈书梅主编《美国中国学手册》（增订本），中国社会科学出版社，1993年，页385。《美国中国学手册》编撰人员很可能将书名中的empire错看成emperor，而唐代并没有闵帝，只有五代中的后唐有闵帝李从厚，于是在书名中加上"五代时期"以自圆其说。这一误译事例，也从一个侧面说明，闽国对于很多人来说，是相当陌生的。
2　魏应麒《五代闽史稿之一》，《国立中山大学语言历史学研究所周刊》，第7卷总第75号（1929年4月3日）。

尽可信。几百年后，当清人吴任臣编纂《十国春秋》时，尽管有意摆脱"正统"的纠缠，补缺纠偏，但事实上，由于文献不足，他已经力不从心了。"因为他是在事件发生6个世纪之后才记述这一事件。因此，纵然《十国春秋》被近来许多作者作为一种主要而权威的文献来源而频繁引用，但我仍对使用其中的材料持谨慎态度，不管这些材料多有吸引力，除非能够查证出处，否则我不会使用。"[1]薛爱华对包括《十国春秋》《资治通鉴》等书在内的前代历史叙述，抱着审慎的、批判的态度。所以，《闽国》的"绪言"部分，从常规视角来看，固然是套路式的文献综述和学术史回顾，从具体目的来看，它也阐释了此书的逻辑起点和研究方法。

《闽国》第一章"自然景观"着重对闽国的自然地理环境进行描述，旨在为后续的历史叙述提供自然环境的背景。本章所涉及的自然，包括山川河流、鸟兽草木、城池建造，乃至水陆交通。从这个角度来看，薛爱华仿佛是一个"多识于鸟兽草木之名"的孔门诗教的信徒。实际上，薛爱华是一个大自然的热爱者，他热爱自然界中的各种物产，也热爱人类创造的各种物质文明，尤其痴迷观察各种花草鸟兽，临终前一个月，他还

---

1 《闽国·绪言》，页8。

在伯利兹观察珍稀鸟类和哺乳动物。[1]《闽国》第一章的视角，已经体现了薛爱华这一独特兴趣对其学术研究的影响。在他后来的学术研究生涯中，这一方面的影响持续扩展，由此产生了《撒马尔罕的金桃》《朱雀》等著作。如果说，对物的兴趣贯穿了他的一生，那么，对名物的兴趣就是他的汉学研究的突出特点。而在这一方面，《闽国》第一章可以说是《撒马尔罕的金桃》和《朱雀》等书的先声。

除了"绪言"《闽国》一书共有六章："自然景观""朝堂""历史""经济""艺术""信仰"。从这个结构可以看出，作者关注的不仅是闽国的政治史，而且涉及地理、经济、艺术和宗教各方面。"朝堂"一章介绍的是"闽国的著名人物，他们的命运左右着这个自中华帝国形成以来福建地区唯一的独立国家的兴起、维持和衰亡"。[2]这些著名人物中，最重要的无疑是号称"王氏三龙"的王潮、王审邽和王审知兄弟，其次就是王审知的继承者，包括其长子王延翰、次子皇帝王延钧、少子王延羲，以及建州刺史王延政、王延钧长子王继鹏等，另外就是一些对闽国政局起到举足轻重影响的朝臣、近侍和禁军将领，如薛文杰、朱文进、连重

1　根据笔者2018年4月28日对薛爱华遗孀Philis Brooks Schafer的采访。参看Philis Brooks Schafer 撰写的薛爱华讣告 *Edward Hetzel Schafer, 23 August 1913-9 February 1991*。
2　《闽国》，页44。

遇、李仁达、许文稹、杨思恭，还有一些广为传闻的后妃，如金凤和春燕。作者设立"朝堂"一章，与其说旨在介绍人物，不如说意在正式叙述这段历史之前，先渲染一下闽国朝廷的氛围，或者说，是以宫廷为中心，展示影响闽国政局的诸种内外因素。

第三章"历史"所叙述的内容，实际上也是"闽国的著名人物"，只不过他将这些人物按照其政治身份，分为刺史、藩王、帝王、暴君、投机分子、军阀等若干种。第三章的叙述对象貌似与第二章有些重叠，但实际上两者的角度明显不同，重点更是迥然不同。第二章重在渲染宫廷氛围，第三章重在介绍这些人物不同的政治角色或者身份。从刺史到藩王到帝王，一方面标志着固始王氏在五代政治舞台上的角色转变，另一方面也体现了这一地方势力逐步崛起、闽地割据格局最终形成的历史脉络。至于暴君、投机分子和军阀，则显示了闽国政治生态的复杂性。从另一个角度也可以说，第三章相当于闽国的一个编年史，只不过这个编年史是以其最高统治者为线索贯穿起来的。

王审知兄弟所占据的闽地，从北到南，依次分为五州：建州、汀州、福州、泉州、漳州。其中，最为重要的是福州和建州。王审知去世之后，福州和建州分别由他的两个儿子掌管，甚至形成以福州为中心的闽国和以建州为中心的殷国的对峙割据，在福州先后掌权的王延翰、王延钧和王延羲，与在建州掌权的王延禀和王延政之间，经常爆发内战。双方甚至分别引入外援，于是，不仅北方的五代介入闽国的官号和正朔，而且淮南吴国、吴越和南唐更直接派兵派人介入闽地的内战。在闽国末年，闽地五州形成了三分天下的格局：建州和汀州落入南唐之手，福州属于吴越的势力范围，只有漳州还受军阀留从效的节制。朝秦暮楚，朝三暮四，在闽国政治中屡见不鲜。

纵观薛爱华一生的汉学研究，他所重点关注的并不是政治史，而是广义的社会文化史。从他的十部专著可以看出，他对中古中国的最大兴趣所在，是边疆开发、经济交流（物质文化）、文学艺术以及宗教信仰等。[1]这种兴趣倾向，早在《闽国》一书中就有鲜明的体现。政治史也不是《闽国》一书的首要关注点，尽管相对而言，头两章中较多有关政治史的叙述，但也经常穿插可读性较强的社会史的描述。从第四章开始，《闽国》的焦点转移到了闽国的经济、艺术和宗教。关于经济，作者关注的是物产与贡品、朝廷支出与赋税、货币、对外贸易和人口变化等，比较偏重物质文化和社会经济生活。艺术方面，作者关注的是建筑、其他各类艺术和文学创作。宗教方面，除了概述之外，作者还特别关注了佛教、道教、官方信仰、摩尼教、传说和民间信仰等。

1　参看拙撰《四裔、名物、宗教与历史想象》。

常言道，巧妇难为无米之炊。总体来看，有关闽国历史的文献资料存世甚少，关于经济、艺术与宗教的材料更少。《闽国》的写作，无疑受限于文献的匮乏。薛爱华费心搜集材料，创建了闽国历史的叙述框架，是难能可贵的。他对史事细节的强烈好奇心，对奇闻异事的痴迷，使得叙述轻松活泼，可读性很强。有意思的是，王审知兄弟三人，以"审"字标志辈分，其行事确实比较审慎。他们的子孙两代，分别以"延""继"字标志辈分，可是，无论是福州的王延翰、王延钧和王延羲，还是在建州的王延禀和王延政，无论是福州的王继鹏还是建州的王继雄，其性格多张狂刚愎，行事每暴戾恣睢，完全没有延续或继承王审知那一辈的家风。薛爱华对他们的个性津津乐道，叙述娓娓动听。又如，五代十国的统治者很多都喜欢玩弄名号的游戏，具体表现在王号、年号和姓名三个方面。最典型的是那个臭名昭著的投机分子李仁达，他的政治经历，完美诠释了"朝秦暮楚""反复无常"这两个成语。有意思的是，他每改换一次投靠对象，就改一次名字，令人忍俊不禁。在诸如此类的叙述中，体现了薛爱华独特的写作趣味和行文风格，在他未来的汉学研究论著中，这种趣味和风格还将被进一步突显，更加引人注目。

二

2018年春节假期，从内地蜂拥前来海南岛避冬的人群，使这座海岛喧闹一时。假期结束，离岛的车辆排成数公里的长龙，挤满了琼州海峡边的道路。不管是1200年前的唐代宰相韦执谊，还是900年前的宋代文豪苏东坡，恐怕都无法想象，他们当年避之唯恐不及的天涯海角，如今竟成为人们趋之若鹜的旅游休闲热门目的地。在这个新闻登上头条之时，我正坐在古城金陵城东书房的南窗之下，翻译着薛爱华的《珠崖》。

《珠崖》以海南岛为主题。所论时段，是"从远古时期直到北宋末年，亦即至大约12世纪20年代为止"。"但本书的重点是8世纪到11世纪，在这个时段内，有关海南的材料才开始变得丰富起来。"[1]对于唐宋帝国来说，海南岛是比闽地更为荒远的边疆，是有罪官员的贬谪之所。在传统文献中，"珠崖"也可以写作"珠涯""珠厓""朱崖""崖州"，这些汉字给予中原士人的联想，是遥远的烟瘴蛮荒之地，令人望而生畏。出身士族的中唐宰相韦执谊，连这个地方的地图都不敢瞄一眼，生怕沾上这挥之不去的梦魇。《太平广记》卷一百五十三"定数"收录了这

---

1 《珠崖·前言》，页1。

样一段故事：

> 韦执谊自相座贬太子宾客，又贬崖州司马。执谊前为
> 职方员外，所司呈诸州图，每至岭南州图，必速令将去，未
> 尝省之。及为相，北壁有图经，数日试往阅焉，乃崖州图
> 矣，意甚恶之。至是，果贬崖州，二年死于海上。（出《感
> 定录》）[1]

韦执谊早年担任职方员外郎，工作职责的关系，他需要接触
各州郡的地图。但他小心翼翼，坚持不看崖州地图。然而，冥冥
之中自有定数，他终究还是没能摆脱贬死崖州的命运。

《珠崖》一书初版于1969年，较《闽国》晚15年。尽管相
隔15年，薛爱华对大唐帝国边疆的兴趣依然不减当年。此前两
年，亦即1967年，薛爱华刚刚出版他的《朱雀》。很显然，在薛
爱华各种专著中，《珠崖》与《朱雀》之间的关系最为直接而确
定。有一种古老而传统的解释，认为"珠崖"意即"朱雀之崖"，
如果采信这种说法，那么，两书书名的联系就更加密切了。实质
上，《珠崖》一书的命名风格、章节安排和行文套路，都与《朱

---

[1] （宋）李昉等编《太平广记》，中华书局，1961年，页1100。

雀》如出一辙，完全可以说是《朱雀》的余韵。用薛爱华本人在《珠崖·前言》中的言辞，《珠崖》是为《朱雀》所下的一个"充实的注解"。[1] 换句话说，《朱雀》是原文，《珠崖》是注解，在作者眼中，这两部书就是一个不可拆分的整体。

在1988年建省之前，在漫长的历史中，海南岛在行政区划和文化区域上一般都归属广东或者岭南。它孤悬海外，外形"像一颗精美的绿宝石悬挂在中国南端的海岸，而其垂坠的位置，使人想起红宝石之岛锡兰（Ceylon）"。[2] 另一方面，因为海南岛出产珍珠，所以有"珠崖"之称。从远古秦汉到六朝的海南岛开发史，至今仍然是一个很吸引人的话题，只是囿于极其有限的文献记载，只能粗线条地描绘，"随着唐朝的开拓进取，并在全岛确立了统治权，海南岛的真正形状也开始浮出水面"[3]，相关的文献记载也多了起来。《珠崖》将描述重点放在8至11世纪，是很容易理解的。这个时期被贬海南岛的北方流人中，最为著名的是李德裕、卢多逊、丁谓和苏轼。他们的海南岛经历，尤其是李德裕、苏轼以及陪同苏轼来到崖州的儿子苏过笔下的崖州记忆，成为薛爱华描述唐宋流人的海岛生活的重要依据。

---

1 《珠崖·前言》，页1。
2 《珠崖》，页3—4。
3 《珠崖》，页38。

海南岛的自然条件与北方大陆截然不同。这里湿热难当的气候，狂暴肆虐的台风，内陆的山岩，甘美的泉水，丰富的矿藏，各种与众不同的动植物，例如贵重的沉香木、稀罕的翡翠鸟等，无不光怪陆离，炫人眼目，充满了异域风情，令远道而来的中原迁客着迷，更令热爱自然观察的薛爱华着迷。在《珠崖》一书中，"自然"一章所占篇幅最大，也最有原创性。[1]薛爱华不仅细读传世历史文献和文学文本，而且结合近代以来对海南岛所做的人类学、地理学和地质学的实地考察，对此岛自然史的不同切面，做了细密的观察，并与读者分享。从很早开始，海南岛就以出产珍奇的"明月珠"而闻名，这让中唐诗人张籍艳羡不已。张籍在其《送海南客归旧岛》诗中说："海上去应远，蛮家云岛孤。竹船来桂浦，山市卖鱼须。入国自献宝，逢人多赠珠。却归春洞口，斩象祭天吴。"[2]但是，张籍毕竟身在中原，与海南岛悬隔万里，其诗中所述，不免掺杂了主观的浪漫想象，甚或异域的美化。相比之下，陪同苏轼在海南岛生活的苏过，其《冬夜怀诸兄弟》诗中对海南的描述，就真实可信得多："我今处海南，日与渔樵伍。黄茅蔽涧谷，白雾昏庭宇。风高翔鸥枭，月黑号鼯鼠。

1　王赓武（Wang Gungwu）为《珠崖》一书所撰书评已提到此点，文载 *Pacific Affairs*（《太平洋事务》），Vol.45，No.1（Spring 1972），pp.96—97。

2　张籍《送海南客归旧岛》，《全唐诗》卷384，中华书局，1960年，页4312。

舟居杂蛮蛋，卉服半夷虏。下床但药饵，遣瘴烦樽俎。何须鸢堕时，方念平生语。"[1]像《冬夜怀诸兄弟》这类基于亲身见闻和实地观察的诗文，特别受到薛爱华重视。薛爱华不仅善于搜集有关早期海南岛的历史文献，还擅长利用当时人诗文作品中的零星材料，挖掘其中的社会文化价值。总之，《珠崖》一书的风格与《朱雀》一样，既有质实的史料，又有鲜艳的色彩。作者的描述是细腻的，笔触是有感染力的。

薛爱华自始至终希望回答的问题是：12世纪以前的海南岛是什么样子的？他不仅关心海南岛的自然风貌，也关注那里的历史和人文环境。所以，《珠崖》的前三章分别从"历史""自然""原住民"三个不同的角度切入，试图回答这一问题。这三章是全书的重点。前两章的视角，分别是海南岛的人文历史和自然历史，第三章的焦点是海南岛的原住民。较之关注流人，关注原住民更有难度，也更为稀罕。"在早期中国人眼里，珠崖就是一座神秘之岛，岛上的族群构成同样也是一个谜。"[2]如果根据语言来划分，"当时整个南越地区只能划分成六个群体：一是羁縻州邕州的侬氏和黄氏部落，他们是最开化和最有势力的原住民家族，很可能是说泰语的；二是融州的猺人，他们是神犬槃瓠的后裔；三是

1 苏过《冬夜怀诸兄弟》，《斜川集》，"知不足斋丛书"，卷1，页3b—4a。
2 《珠崖》，页87。

广西深山里的獠人（取狭义）；四是与獠极其相似的蛮人（取狭义）；五是黎人，尤其是分布在海南的；六是疍人，他们以船为家，以捕鱼为生，能入海采珠"。[1]而在海南岛上，既有黎人、峒人，也有号称河洛人（福佬人）的北方移民的后代，还有生活在水上的疍人。黎人之中，根据其开化程度的不同，又分为生黎和熟黎两种，"其服属州县者为熟黎，其居山洞无征徭者为生黎"。[2]按照宋人周去非的观察，生黎质直犷悍，比较好管理，而熟黎中则混杂有湖广福建移民中的奸顽之辈，较难以驾驭。[3]黎人的风俗与汉人不同。按照古代文献的记载，当黎族女孩年方及笄，就要在脸颊和脖颈用蓝色刺上精美的花纹和飞蛾图案，所以也称为"绣面"。越富裕的人家，文身越是讲究，反之，丫鬟婢女则无缘文身。对黎人来说，女子文身不仅具有审美功能，更是社会身份的标志。

薛爱华还注意到唐宋时代海南岛上的跨文化通婚现象，此事涉及岛上社会族群融合的问题，是值得重视的。有些生活在峡谷中的黎人，对跨族群、跨文化婚姻的态度是开放的，他们允许汉人进入自己的家族圈。相反，汉人尤其是汉人中的政府官员，对

---

1 《珠崖》，页91。

2 脱脱等撰，《宋史》卷495，中华书局，1985年，页14219。

3 周去非撰，《岭外代答》，"丛书集成初编"，卷2，页19。

这类通婚却比较拒斥。例如，"宋初有一小官吴蒙带兵深入高地，就遇上了这样一位慷慨大度的黎戎主人。吴蒙被俘获后，黎人待之甚厚，以女妻之，两人育有一子。要么他认为这种奇怪的人生遭遇不适合体面的华人，要么他的上司这么认为，总之他最后是被人用银瓶赎出来的"。[1]这种观察视角，透露了薛爱华早年所受学术训练中的社会学与人类学背景。

第四章中的"交通"，不单指字面意义上的道路交通，也包括海南岛的物质生产、经济贸易以及海外交通，也就是说，除了海南岛与外界的人员往来之外，也包括海南岛与外界的物质交流。于是，在"交通"的题目之下，海南岛的经济生产、向上进贡以及海外贸易，都囊括其中。这是观察海南岛的一个别致角度，也再次体现了薛爱华对物质文化的情有独钟。

古代中国人对海南岛的了解，很多是通过北方流人留下的各种记录。《珠崖》各章描述，几乎都离不开这些流人留下的文字材料。这些材料当然是珍贵的。相对来说，专门描述流人的第五章，是书中最不令人感到意外的一章。第五章写到的流人，主要是唐宋两代的杨炎、李德裕、丁谓、苏轼四人，围绕苏轼的描述最为详细，主要是因为苏轼留下的文字记录最多。

---

1 《珠崖》，页110。

值得一提的是，海南岛很早就引起西方殖民者的兴趣，西方汉学界有关成果甚多。《珠崖》一书参考了西方学者郁和、梅辉立、莫古礼、萨维纳、芬次尔等人的调查报告和研究论著。在这一方面，《珠崖》亦与《朱雀》相近，而与《闽国》相远。

如果割弃了五代十国这一段，大唐帝国的历史显然是不完整的。同样，《朱雀》一书如果缺少了《珠崖》这一尾声，也是不完整的。追求完整圆满的冲动，曾经使薛爱华面对《珠崖》这一选题欲罢不能，并终于完成了这本著作。喜欢《朱雀》的读者，终究也会喜欢《珠崖》的，我相信。

三

闽地的开发和开化，与中原移民尤其是来自河南固始的移民有极大的关系。唐朝末年，天下大乱，各地农民纷纷起义。淮南道光州固始（今河南固始）人王审潮（又名王潮，下文统称其为王潮）、王审邽和王审知兄弟三人，亦加入义军，并于885年率军进入福建，随后在闽地建立了闽国。在五代十国中，这个僻居东南一隅的小国既不强大，也不显眼，但是，在闽地开发和文化发展史中，闽国历史却是非常重要、光耀夺目的一段。值得一提的是，当年追随王审知兄弟入闽的将士，很多都是光州固始人。

而在闽地开发与开化的历史上，另一位做出巨大贡献并且被后人尊奉为"开漳圣王"的陈元光，也是光州固始人。陈元光是唐高宗、武后时人，其年代早于王审知约200年。不知道当年从固始出发的王审知兄弟们，在最终选择闽地为行军目的地时，是否冥冥之中受到200年前那位乡先贤的启示？

跟随王审知入闽的将士中，有一位是后来官至漳州刺史的程赟。这个名不列正史传记的人物，对我来说，却有着非同寻常的意义。在原闽王王审知故第、今福州闽王祠中，至今依然树立着一块恩赐琅琊王德政碑。碑立于唐哀帝天祐三年（906）十二月一日，上面刻有："今节度都押衙程赟及军州将吏、百姓耆老等，久怀化育，愿纪功庸，列状上闻，请议刊勒。"由此可见，程赟不仅是王审知的亲信，而且是建立这块王审知功德碑的首倡者。《闽国》第三章第七节写到暴君朱文进时，也提到他的名字。开运二年（945年）二月，拱宸都指挥使朱文进联手阁门使连重遇，弑杀闽主王延羲而自立。朱文进随后任命了一批重要的政府官员，其中包括漳州刺史程文纬。在脚注中，薛爱华特别标注："《新五代史》作'程赟'，我无法确定哪个是正确的。"[1]实际上，程赟就是程文纬。在闽侯程氏的族谱中，他被称

---

1 《闽国》，页78。

为赟公，也就是入闽程氏的始祖。原来，闽国这段遥远的历史，与我家族的来历密切相关。

2018年春天，我正在忙着翻译《闽国》的时候，收到老家闽侯县甘蔗镇寄来的一本图文并茂的纪念册《瀛洲之光——纪念甘蔗程氏宗祠重建20周年》。[1] 这本纪念册第71页至76页，即为《入闽始祖赟公传略及其史迹》，包括《入闽始祖赟公传略》、《闽侯县文物保护单位程赟墓》和《闽王祠琅琊王德政碑记述赟公事迹》。赟公死后，原葬于漳州，明代崇祯十七年（1644），迁至闽侯竹岐榕岸龙兴山，与甘蔗镇隔闽江相望。这本纪念册第25—29页还有多幅祭扫祖墓的照片，所谓"祖墓"，就是指赟公此墓。

人世间的事，往往并非偶然。我与薛爱华之间，特别是与他的《闽国》和《珠崖》之间，原来也有如此神奇的缘分。

程章灿

1　闽侯甘蔗程氏宗祠管委会编《瀛洲之光——纪念甘蔗程氏宗祠重建20周年》，2018年。

目 录

中国朝代起始年表

约公元前 1500 年	商
约公元前 1000 年	周
公元前 221 年	秦
公元前 206 年	汉
公元 220 年	三国
公元 265 年	晋
公元 317 年	（胡人的）北朝和（汉人的）南朝（宋、齐、梁、陈）
公元 589 年	隋
公元 618 年	唐
公元 907 年	五代（北方）
	十国（南方）
公元 960 年	宋
公元 1260 年	元（蒙古）
公元 1368 年	明
公元 1644 年	清（满族）

前　言

本书是写海南岛的，而其前身《朱雀》想阐明的是中古汉人在北回归线下的异域体验，所以本书可为它下一充实的注解，这就像《撒马尔罕的金桃》涉及唐代人认知的整个世界，而《朱雀》只关注其中的一小部分一样。

相比之下，本书的时间跨度要长出好多，从远古时期直到北宋末年，亦即至大约12世纪20年代为止。但本书的重点是8世纪到11世纪，在这个时段内，有关海南的材料才开始变得丰富起来。事实上，我的故事讲到贬谪诗人苏轼1100年离开海南时，也就画上句号了。

本书自始至终依据当时人的文献论述，不过，对南宋时代一些类书中描述海南的一些材料，我也不可能视而不见。这些材料引用了大量早期文献的记载，如图经（附有插图的地方志）之类。在晚宋编撰的这类书中，最重要的是介绍海南及更南地区的地理、民族和经济情况的《岭外代答》，与前书主题相类的《桂海虞衡志》，以及堪称南宋时代的通志，对古迹、当地传说和地名沿革尤具研究价值的《舆地纪胜》。

华和黎

本书讨论了华人和黎人。华人即"中原人"，是个独特的种族和文化实体。其古代家园位于黄河流域的"中原"，今天称之为"华北"。华人把许多非汉人（亦称"未开化"）民族统称为"蛮"。在海南，人们遇到的黎人，即是蛮人的一种。有些蛮人最终被顺利同化，也就是"汉化"，从而变成"华人"。有些消失不见，还有些延续至今。

岭南、南越和安南

今天中国南边的两个省级行政区（广东省和广西壮族自治区）和越南的最北部，在古代构成一个区域，称为"岭南"或"南越"，海南正属于这个地区。"安南"指中国曾经设立过的安南都护府，负责管治今越南北部，10世纪以后，安南这个区域独立出来，并开始向南扩张。

官　名

我在本书中尽量不使用官名，一方面是因为职官阶秩对我的叙述来说很不重要，另一方面是因为官衔一般都很冗长，而且充满各种典故，即使最忠实的译文也无法传达一二。

不过，有些官名还是需要特别注意的。尤其重要的是晚唐海南军政长官，其官名为"招讨游弈使"，意即"巡视部署、招抚戡乱的使节"。此官员要处理的只是突发事故和那些中央政府一时无法摆平的临时状况而已。[1]

在宋代，海南的军政长官被称为水陆转运使，意为"由水陆两路转移运输的使节"。这个官名化用了古语"转运"。这个词在汉代文本中很常见，意为"有规律地输送"，指运输粮食和其他日用品到京城；但是也指宇宙运行，如天空和星球的运行，[2]人们认为它们反映了古代帝国有条不紊的经济体系。在唐代，转运使只是负责把税收和其他政府财富运到首都长安的地方官而已，但在宋代，他变成全面负责的地方行政长官，拥有很大职权，包括军事防卫和司法审判。[3]

值得一提的还有"巡检使"。这是宋代在某些边远的高地和

1　《旧唐书》卷41，页49a；《舆地纪胜》卷124，页7a。
2　例如《论衡·论日》。
3　《舆地纪胜》卷124，页7a；其他正史中的记载。

海域设立的官职。

罗马拼音

对于物名、人名、地名，如果其中古音与现代普通话显著不同，我会在正常普通话拼法后面用括号附以中古音拼法，如刘龑 Liu yen（Lyou Ngăm）。《朱雀》一书曾使用高本汉（Karlgren）以罗马字母拼写中古汉语的做法，本书也使用罗马字母拼写中古汉语，但对高本汉的拼法做了一些修正。[1] 不过，本书中有少量汉代名称（属于上古汉语），拼写其中古音，未必见得比拼写其普通话读音更好。另一方面，我发现高本汉的上古音构拟法通常只适用上古时代，而且与中古音相比，它显得既保守，又不够丰富，尤其是辅音连缀方面。所以，把上古音加上去，可能裨益甚微。

---

1 详参拙著《朱雀》，北京：2014，页5注1、2。

　译注：此类注音因无关原意，在译文中多半删略。另，若无特别说明，以下所引《朱雀》皆为中文版页码。

第一章

历　史

这是一片生机勃勃的热带，

他需要在此恢复活力，

这个富庶的地方，多刺而执拗，

浓密而和谐，但这种和谐，

对于那些音栓过于文明而压抑的乐器来说，

既不纯粹，也不精炼。

——华莱士·史蒂文斯

《扮演字母C的喜剧演员》

海南岛是世界上面积较大的岛屿，[1]它像一颗精美的绿宝石悬

1　译注：海南岛面积为3.39万平方千米，是世界50大岛之一。

挂在中国南端的海岸，而其垂坠的位置，使人想起红宝石之岛锡兰（Ceylon）——它形如珠状，也是金光闪闪地悬挂在形如树叶的印度半岛下。中国这座翡翠岛完全处在热带之中，与北越东岸隔海相望，同一纬度上是菲律宾的吕宋岛（Luzon Island）北部。[1]海南约有100英里宽（取决于测量的地点），它在地图上是往右倾斜的，所以东北-西南方向的距离最长，约有185英里。[2]面积约13000平方英里，与温哥华岛（Vancouver Island）最为接近，除此之外两者就没有什么相似点了；又比西西里岛（Sicily）或撒丁岛（Sardinia）大得多，是塞浦路斯（Cyprus）或克里特岛（Crete）的四倍。不过，它仅及锡兰和塔斯马尼亚岛（Tasmania）的一半，而且略小于台湾岛。海南长期归广东省管辖，中华人民共和国最近在其南部成立了"海南黎族苗族自治州"。[3]

　　从13世纪末开始，欧洲人对海南已有所认知。马可·波罗

1　郇和（Robert Swinhoe）所定海南岛的经纬度是北纬20°8′—17°52′，东经108°32′—111°15′。参氏著《海南鸟类学》，《朱鹭》，卷6（1870），页78。

2　安东尼·赫胥黎（Anthony Huxley）《世界上的海洋和海岛的百科全书》，纽约：1962，页152。

译注：1英里约等于1.6千米，1平方英里约等于2.6平方千米，1英尺约等于0.3米。以下不再出注。

3　州府设在通什市（今五指山市）。邱茉莉（Elsie Fairfax-Cholmeley）《海南：觉醒的乐园》，《东方地平线》，卷2，第14期（1963年12月），页39。

译注：本书英文版初版于1969年，故书中的"最近"均以1969年为参照年份。这个自治州已于1987年12月撤销，1988年设立海南省，省政府驻地在海口市。

曾提到它，把它拼写作Cheynam。[1]海南也出现于1375年的卡塔兰地图（the Catalan Atlas）上，写作Caynam。[2]此后，它就在西方世界中销声匿迹了，直到17世纪，才被葡萄牙人重新发现。[3]不过，欧洲人对此岛有较为准确的了解，还要等到18世纪末。1760年，英国古德洛尔号（*Cuddalore*）帆船造访此岛海岸。19世纪早期，英国船只开始频繁往返于中国南海海域。探索该岛的先驱者是鲍弗（Purefoy）船长，1804—1805年，他造访了海岛的北岸和东岸。[4]19世纪英国最有名的海南岛探险者是田野博物学家郇和（Robert Swinhoe）[5]。郇和曾在远东地区长期为

1　对这个名字在元代（中古晚期和近世早期）应用的历史梳理，尤其是其中拉希德·乌丁（Rashīd ud-Dīn）和葡萄牙地理学家严谨的考证，参见伯希和《马可·波罗注》卷1，巴黎：1959，页242—244。不过，伯希和并没有注意到北宋时就已出现此名，如苏轼的作品中。戈特里布·芬次尔（Gottlieb Fenzel）《海南岛：基于旅行观察与现有文献的速写》[《慕尼黑地理协会通讯》，卷26（1933），页82]误以为马可·波罗没有提及海南岛；除此之外，这本书是现在可资利用的海南研究专著中最好的，尤其是其中的海南自然史和开发史。

2　芬次尔《海南岛：基于旅行观察与现有文献的速写》，页82。

3　芬次尔《海南岛：基于旅行观察与现有文献的速写》，页83。但是，芬次尔说卫匡国（Martino Martini）神父的舆图有海南则明显是错的。参见伯希和《马可·波罗注》卷1，巴黎：1959，页242—244。

4　芬次尔《海南岛：基于旅行观察与现有文献的速写》，页83。早期的海南科学探索者，不仅仅包括常见的欧洲人，还有日本人（我略而不提，或许是不可原谅的）和中国人，尤其是南京的陈焕镛，他于1920年部分受哈佛大学资助，对海南进行考察。见高鲁甫、爱德华丁、伊丽莎白《莫古礼采集的海南植物一览》，《岭南农事半周刊》，卷1，第2期（1923），页28。

5　生卒年为1835/1836—1877年。

大英帝国政府服务，18岁的时候，他就在香港担任通事，后来又分别担任了英国女王陛下驻台湾（1865年）和宁波（1873年）的领事。从1856到1866这十年间，他在海南岛做过几次采集考察。值得注意的是，他是第一个把有关海南和台湾的可靠知识介绍到欧洲的人，因此被许多学术团体选为会员，包括伦敦动物协会、皇家地理协会以及英国皇家学会等。他去世的时候相对比较年轻，但是，他的名字却与许多稀有而奇妙的生物永远连在一起，永垂不朽，尤其是蓝鹇（*Gennaeus swinhoii*，这种优雅的台湾山鸡，通身覆盖着耀眼的蓝绿色羽毛，然而不幸的是，它在20世纪已濒临灭绝）。郇和的开拓性探索，正好与W. H. 赫德森（W. H. Hudson）的研究同时。那时，赫德森正把他描述"布宜诺斯艾利斯的鸟类学"（Ornithology of Buenos Ayres）的信件，从潘帕斯寄到伦敦动物协会。[这个著名的同时代人直到1874年移居英格兰之后，才写出了小说《紫土》（*The Purple Land*）和《绿厦》（*Green Mansions*）。] [1]

香便文（B. C. Henry）是19世纪伟大的海南植物学家。他

1　然而，郇和有关海南的报告在1867和1870年才陆续交给学会。博厄斯（F. Boase）《现代英语传记》，卷3（1901），页850；华莱士（Alfred Russel Wallace）《岛屿生命：海岛动植物区系的现象和起因，兼论地质气候问题的修正和解决方案》，伦敦：1911，页400—401。

曾自豪地写道，有了他的书，海南岛才"首次向阅读界展示自己"。[1]这是在19世纪80年代。1885年，丹麦传教士冶基善（Carl Jeremiassen）冒险深入海南岛不为人知的腹地。随后，马特罗列（Claudius Madrolle）也来到这里，并用法文为这片世界毫无所知的区域撰写了一本标准旅行指南《雷琼道谈》。[2]20世纪头十年，德国人M.迪尔（M. Diehr）横穿了整个海岛。[3]但是，欧洲人真正了解海南岛最深处的高地，还要等到不久以后穿越海岛中心的一系列富有成果的跋涉。从自然科学角度来看，其中最重要的是莫古礼（F. A. McClure）所做的探索。他下定决心要登上五指山，在此之前，没有一个欧洲人曾成功登顶。1921年，他首次深入内陆，但是没有达到目标。第二次探险，他终于穿过密集的藤竹丛林，并于1922年4月30日登上海岛之巅。他在这两次以及后来诸次探险（1927、1928、1929、1932年）中的

1　香便文《岭南纪行》，伦敦：1886，页7—8。参见芬次尔《海南岛：基于旅行观察与现有文献的速写》，页84。亨利·弗莱彻·汉斯（H. F. Hance）曾担任过广州领事。他在华南植物群的研究上享有盛名，但是我并没有发现他曾亲自到过海南采集植物。可见，他是从他人（如香便文）手中得到海南的植物标本的。

2　保罗·慕斯（Paul Mus）《评萨维纳〈海南岛志〉》，《法国远东学院学刊》，卷30（1930），页438；芬次尔《海南岛：基于旅行观察与现有文献的速写》，页84。

3　保罗·慕斯《评萨维纳〈海南岛志〉》，页438；芬次尔《海南岛：基于旅行观察与现有文献的速写》，页84。

多项重要发现，构成了广州所藏大量稀有植物标本的基础。[1]

1922年末，由美国自然历史博物馆克利福德·波普（Clifford H. Pope）领导的一支动物学考察队来到海南，并在这里停留到1923年夏天。[2]法国传教士和民族志学者萨维纳（M. Savina），已于1925年造访了海南南部海岸，由于受到马伯乐（Henri Maspero）鼓动，又在军队的护卫下，于1928年10月考察了岛内腹地。他的主要贡献是在语言学领域，他认为自己是研究黎人［他称为傣人（Dai）］语言的第一人。[3]1929年，戈特里布·芬次尔（Gottlieb Fenzel）也考察了海南腹地，不过他关注的是海南的地理和地质。[4]最后，我们还有史图博（H. Stübel）丰富的民族志调查报告，这些报告是以他1931年和1932年的考察为

1　这些探险的报告，参见莫古礼《海南岛札记》，《岭南农事半周刊》，卷1，第1期（1922）;《一个海南岛植物采集者的些许观察》，《俄亥俄科学杂志》，卷25（1925）;《岭南大学第三、第四次海南岛之考察》，《岭南科学杂志》，卷12（1933）;《岭南大学第五次海南岛之考察》，《岭南科学杂志》，卷13（1934）;《岭南大学第六、第七次海南岛之考察》，《岭南科学杂志》，卷13(1934)。这些新采集的植物标本包括许多新品种，是梅乐尔（E. D. Merrill）在20世纪20、30、40年代进行植物说明和分类工作的基础，这一工作他主要是与陈焕镛合作完成的。参见高鲁甫、爱德华丁、伊丽莎白《莫古礼采集的海南植物一览》，《岭南农事半周刊》，卷1，第2期（1923），页27；梅乐尔《海南植物详表》，《岭南科学杂志》，卷5（1927—1928）。梅乐尔在《岭南科学杂志》卷6还对前文稍有补充，可看。

2　克利福德·波普《海南》，《自然史》，卷24（1924），页215。

3　萨维纳《海南岛志》，"河内地理学会丛书"，第17期（河内：1929），页25—48。

4　参见芬次尔《海南岛：基于旅行观察与现有文献的速写》，页85。

基础的。[1]

早在这群精诚的西方人探访之前，就有中原人试探性地从北方贫瘠的平原跋涉而来，并且发现了这座蛮荒的热带海岛。中国古籍表明，大约在公元前3世纪，人们对海南就有些粗疏的认识。人们逐渐了解这个海岛，有好几个名称，但"海南"这个名称尚未出现。最晚在公元前1世纪，用来作为岛内西北岸的行政区划名称的，是"儋耳"。这个名称一般是指"肩荷耳朵或其装饰物"。[2]汉人把海南原住民地名转写成汉字符号，似乎是想刻画蛮人沉甸甸的耳部装饰已经下坠到肩的情景。这个官方地名的第一个字，也曾出现在其他一些旧地名上，用来指汉朝辖治海南的滨海都会，或者行政中心。这个字还有不同形式的写法，其发音据说是"瞻""暺""暺"（Shém），还可读成"詹"（Chem）、"担"（Tam）、"旦"（Dam）。[3]

1　早期旅行的记载，参见史图博、李化民《海南岛人类学田野调查初期报告》，《德国东亚自然文化研究协会周年卷》（东京：1933）；第二次旅行，请参见史图博、梅里奇《海南岛黎族：对华南民族学的贡献》，柏林：1937。另外也可看戴闻达《评史图博〈海南岛黎族〉》，《通报》，卷35（1939），页405。

2　"儋"的字典释义：①肩挑；②成担货物的计量单位；③齐国东北的方言"甃"。这些解释结合起来大概就是"肩挑重物"的意思。

3　《汉书》（卷6，页0306a）中应劭和颜师古的注释；《后汉书》卷110a，页0880c。《康熙字典》提到《管子》中出现的"暺"，意思为"日所次隅"。这很可能就是名字最初意思的反响，因为恰好适合位于中国东海岸边的岛屿，即太阳初升的地方。《山海经·大荒北经》把儋耳国置于北海，这里的人穿耳垂肩。只有郭璞（汉代之后的《山海经》注者）认为"儋耳国"就是《山海经·海内南经》提到的位于南海（"郁水南"）的"离耳国"。郁水即今天广西西江。《山海经》卷10，页49a；卷17，页80b。由此可见，《汉书》及同时代其他文献的注者认为，传说中位于北海的"儋耳"一名可以用来指几乎也是神话中的，被叫作"Tam"（或Chem、Shem）的南海之岛。

所有这些读音，可能都接近某个原住民人种名称的发音，然而，现在已不知最初是怎么读的，或许其发音有点像Dzam或Dzem。这种费解的单音节词，到了汉语中却被合理地解释成"儋"（肩负之意）字再加上"耳"（人造耳饰）的意思。在中国文献中逐渐流行开来的就是这种解释。

"珠崖"一开始只是汉初用来指海南岛最北端的名称，后来才变成该地的行政区划名。这个名称与"儋耳"一样，意思似乎都是如其字面所示。可以引用2世纪著名学者应劭的权威说法："二郡（珠崖和儋耳）在大海中崖岸之边。（珠崖）出真珠，故曰珠崖。"[1]但是，也有一种古老而传统的解释，认为"珠崖"意为"朱崖"（朱雀之涯）。"珠"（圆珠、珍珠）与"朱"（朱雀）同音。"朱崖"一词出现于《后汉书》的当代注解中，[2]在《后汉书》之后的文献中也偶尔一见。[3]在汉代以后的文献里，这个词明显具有鲜活的意义，它象征着蛮荒的岭南南部海岸，这里是热带精灵朱雀统领的地盘。即使我们认定朱雀之"朱"确是珍珠之"珠"的以讹传讹，那也是一个可以接受的讹误，因为它毕竟是用一个易于识别的意象来修饰，而不是毫无根据地乱改。

---

1 见《汉书》（卷6，页0306a）应劭注。

2 《后汉书》卷33，考证，页0711a。

3 任昉《述异记》卷中，页6a；陆龟蒙《秋暑》诗中，"朱崖"与"白羽"相对。

今天我们所知道的这个海岛的名称"海南"（大海之南），虽然也有悠久的历史，但是不及"儋耳""珠崖"以及作为这两个名称之根基的那些说法那么古老。另外，"海南"一词在早期出现的时候，并非特指现代称为海南的这个海岛。在紧接汉代之后的三国时期，这个名称才开始在汉语文献上出现，它指的是南方的吴国管辖下的现今属于越南的几个郡，而与此相对的是较为靠近内陆的"海东"诸郡，"海东"诸郡所对应的是今日广东和广西两省的大片地区。[1]我们今天所知道的海南岛，甚至都不包括在这个"海南"的范围之内。在5世纪，"海南"是一个相当含糊的集合名词，它所指的南方大地，那里不仅拥有那些熟悉的田野和森林，还是盛产女性迷人饰物的浪漫之地，例如珍珠和玳瑁。[2]在6世纪和整个唐代，古越南北部成为安南都护府，此时的"海南"另有所指，它包括一些更远的国度，远至印度支那的北部湾（the Gulf of Tongking）和印度尼西亚，其中包括占城（Champa）、柬埔寨、巴厘和锡兰等。[3]只有到了宋代，"海南"之

1　3世纪，参见《资治通鉴》卷70，页12a。

2　《宋书》（卷22，页1485a）所引《有所思》。

译注：《有所思》原文如下："有所思，乃在大海南。何用问遗君，双珠瑇瑁簪，用玉绍缭之。闻君有它心，拉杂摧烧之！摧烧之，当风扬其灰。从今以往，勿复相思！相思与君绝。鸡鸣狗吠，兄嫂当知之。妃呼狶！秋风肃肃晨风飔，东方须臾高知之。"

3　《梁书》卷54，页1839a；《通典》卷188，页1007a—b；《资治通鉴》卷211，页13a。

名才开始指我们今天所称的海南岛——即使那时并非确指。12世纪有一部文献中提到"海南之琼管"，这里的"海南"只能解释为"大海之南"，即海的南边，与这片土地相对的是毗邻大陆的廉州和雷州等州郡。[1]简言之，无须把"海南"看作是一个专有名词。与"海南"相对的表述是"海北"，早在9世纪的一部文献中，此词就被人用来指广东沿海。[2]不过，这部文献更喜欢用"海中"而不是"海南"来指唐代在岛中所设的五郡（琼山、儋、崖、振、万安）。[3]在此之前，"海中"一词早就有相当传奇性的用法。在著名的汉代，"海中"已被用来指中国大陆东边那广袤无边的大海中，那些幸福的仙人们居住的神山仙岛。[4]我们这座热带海岛首先被称为"海中"，然后才被称为"海南"，并且与这些海上神山联系在一起。这绝不是一件微不足道或者转瞬即逝之事。在本书结尾部分，我们还有机会继续挖掘它们之间的联系。

最早提到海南的某些文献史料，其对海南位置的描述，正如其对太平洋中那些几乎是虚无缥缈的其他海岛的描述一样，是含糊不清的。有一部记载东汉历史的著作，曾以为朱崖和儋耳与

---

1 《岭外代答》卷4，页40。
2 《投荒杂录》，引自《太平广记》卷269，页4a—4b。
3 《投荒杂录》，引自《太平广记》卷286，页6b。
4 《史记》卷6，页0024d—0025a。

"倭国""相近",而"倭国"至少后来曾用作日本的正式名称。书中还接着写道:"故其法俗多同。"有一部年代更早的文献写到"黄支"国,称其地"民俗略与珠厓相类",但实际上这个地方要向南海航行几个月才能到达。[1]1世纪的其他文献,都把儋耳与遥远的焦侥、穿胸以及跂踵之辈归为一类,这些都是处于"四海之外",对农业技术一窍不通的"野蛮"人。[2]74年,对中国人来说是一个祥瑞之年,各种祥瑞显应,宫殿前面长出罕见的芝草,五色神雀翔集京师,甘露降落在幸运的汉帝国,而且,哀牢[或许与现代缅甸的克伦人(Karen)有关]、焦侥(侏儒)及儋耳诸夷都向汉朝进贡。[3]很明显,这些形形色色的"野蛮"人都被归为一类。事实上,中国最早的那部正史就已经说过,"苍梧以南至儋耳"的所有远方原住民民族,与长江以南其他未开化的民族,

---

1　分别参见《后汉书》(卷115,页12b)和《汉书》(卷28下,页0429d)。尾高邦雄(Kunio Odaka)《海南岛黎族的经济组织》(纽黑文:1950,页12)曾指出,日本民俗与黎族民俗两者之间有一些相似性,诸如传统的顶髻、缠腰布、女性衣服诸部分,尤其是"有三洞二齿的日式木屐"。他也指出两种语言有几个词语彼此相似,但这说明不了什么。

2　《论衡》卷8,《事增》;《后汉书》卷2,页0655a。

译注:薛爱华以the people of reversed heels来译"跂踵",明显误以"跂"为"歧",实则"跂"通"企",意为踮起脚尖。另,《事增》应为《艺增》。

3　《后汉书》卷2,页0655a。哀牢可能就是唐代的"白蛮",参见拙著《朱雀》,页99—100。对于焦侥,参看拙著《撒马尔罕的金桃》,北京:2016,页143。孔子说他们有三尺高。传统的说法是他们在中国的西南地区,其他则在东南海域的海岛上。据说他们穴居,擅长潜水,进贡象牙、水牛、瘤牛等贡品。

在文化上有很多是相同的。[1]

正史《汉书》把海南岛置于雷州半岛以南的海中，这个位置是正确的，但又夸大了它的面积。书中写道：

> 民皆服布如单被，穿中央为贯头。男子耕农，种禾稻苎麻，女子桑蚕织绩。亡马与虎，民有五畜，山多麈麖。兵则矛、盾、刀、木弓弩、竹矢，或骨为镞。[2]

《后汉书》对此有所补充，谈到了海南渠帅贵长耳穿縋垂肩的习俗。[3]

这些情况中的某些部分，特别是其中不够准确的部分，汉朝人可能已经有所耳闻，尽管是通过间接的渠道。但是，汉朝档案中也有可靠的信息，那是汉朝征服海南岛北部的结果。导致此一结果的历史事件，要追溯到公元前112年的初夏。据正史记载，当时南越王丞相吕嘉叛乱，杀死其国王和汉朝使者。汉朝发动了

---

1 《史记》卷129，页0277b。
译注：《史记》卷129《货殖列传》原文作："九疑、苍梧以南至儋耳者，与江南大同俗，而杨越多焉。"
2 《汉书》卷28下，页0429d。
3 《后汉书》卷116，页0898a—b。
译注：此处《后汉书》卷116《西南夷列传》原文为："其渠帅贵长耳，皆穿而縋之，垂肩三寸。"

一场大规模的讨伐，五支由罪人组成的军队被派南下，跨过南越的河流，其中三支是由非汉族的原住民率领的。这场战役的总指挥是"伏波将军"[1]路博德。公元前111年，京城得知南越叛乱已被平息。公元前110年春天，吕嘉的首级就被送到皇宫。通过这次征伐，汉朝获得对海南岛一部分的控制权，新设置了两个行政区域，命名为"珠崖"（位于海南岛东北海岸，交通便捷）和"儋耳"（海南岛偏西南）。据官方统计，汉初当地汉人移民，16县共23000户。[2]没有证据显示汉人对海南岛的大小有真切的理解：他们的直接认知并没有超出北部的海岸地带，可能还相信这里也属于一片广阔的沿海陆地。总之，他们的兴趣并不是探索海岛本身，而是关注朝廷的声望，关注如何在这里获取药物、香料、珍珠、玳瑁、象牙和各式各样的香木。[3]

　　唐代以后的文献提到，杨仆曾率领载满汉朝征服大军的楼船横跨海峡，来到海南。他新建的郡城和当年烧船的地点，不管

1　后汉名将马援继承了这一称号。

2　《汉书》卷6，页0350d—0306a；《汉书》卷64下，页0520c；《汉书》卷95，页0604d。也可参见拙著《朱雀》，页34—35。12世纪以前，历代王朝经略海南的简史，可参《舆地纪胜》卷124，页1b—2a。

3　参照梅辉立《海南岛的历史和数据梗概》，《皇家亚洲文会北华支会会刊》，卷8（1872），页7。

是在中古还是现代，都是游人参观之地。[1]或许这些当地传说尚存留几分真实。历史上真实的杨仆，其官衔为"楼船将军"，曾参加征伐南越之役，但是，汉代史籍并未说他的战船到过珠崖。[2]很可能只是因为人们在古书中看到他的官号，联想所及，才产生了中古时期的这个传说。

无论如何，王朝经略海南是不成功的。新统治者横征暴敛，贪得无厌地掠取海南岛的自然物产，因此不断激起本地人的反抗。珠崖太守孙幸就是这样一个典型的贪官。他向当地人征收苛捐杂税，规定可用好布支付。这些原住民为了纳税而忍受不断加重的徭役，最终，他们愤怒地攻破郡城，杀死孙幸。虽然孙幸之子孙豹采取了强有力的措施，以镇压原住民的叛乱，但从长远来看，统治者剥削日益加剧，导致原住民叛乱此起彼伏。[3]因此，汉人被迫退守海岛北端紧邻珠崖郡的地方，最后，在公元前82年，儋耳郡这个边疆政区也被废除了。[4]接下来30年的历史状况，文献不可征，但对统治者来说，局势并未好转。汉人最后的据点仍然不断地受到骚扰，并在公元前59年和公元前52年达到巅峰，

1　刘谊《平黎记》，引自《舆地纪胜》卷124，页6b—7a；《琼州府志》卷6，页10a；卷11上，页18a。

2　《史记》卷122，页0266b；《汉书》卷90，卷0588a。

3　《汉书》卷28下，页0266b；《后汉书》卷116，页0898a—b。

4　《汉书》卷7，页0308b。

汉人费了很大劲才得以击退原住民。公元前52年，张禄被派率军到珠崖，巩固中原在那里日渐衰落的统治。[1]这个措施只是短期有效。公元前48年又爆发了大规模的暴动。由朝廷官员雇佣的本地"官吏"也加入了叛乱。两年之后，朝廷对这个日渐缩小的区域的控制实际上就寿终正寝了。[2]

在此重要关头，有个汉朝大臣建议在海南实行仁政，这也使他流芳百世。不过，因为这项政策不利于扩大王朝的统治权和影响力，所以并未被后世采用。公元前46年，汉元帝（这是他死后的谥号）召集群臣讨论如何发动大规模的军事行动，以便一劳永逸地解决海南的动乱。有个叫贾捐之的大臣公开反对这个提议。皇帝派高官王商与贾捐之私下商议。王商诘问贾捐之：过去那些英勇的统治者曾给蛮荒之地带来了文明和秩序，难道你对如此重要的先例能够视而不见吗？看来，贾捐之的忠诚已经遭到怀疑。对这套通行而又有说服力的为统治者辩护的说辞，贾捐之进行了反驳，其大意如下。从前圣王并不强加统治于那些不想被他们管理的地方——尽管确实有很多人乐意被他们统治，因此，上古中国的疆土并不是很大。据说，最大的是尧、舜、禹统治的王国。"孔子称尧曰'大哉'，《韶》（舜）曰'尽善'，禹曰'无间'。

1　《汉书》卷8，页0311c。

2　《汉书》卷64上，页0520c。

以三圣之德，地方不过数千里……不欲与者，不强治也。"商周盛世亦是如此。贾捐之还认为，在这些盛世中，无论中原王朝统治蛮族如何成功，都"非兵革之所能致"。但是，秦国贪战，对外征伐，"务欲广地，不虑其害"。著名的汉王朝对南越的征伐，开始只是想平定边境的动乱（这是秦代留下的烂摊子），不过，最后却在这个热带无底洞倾注了巨大的财力和人力。先圣先王从来没有想过"强治"这些地方。如果继续执行近期这个有争议的扩张政策，那么只会带来成千上万人的痛苦和死亡。此外，贾捐之还说，蛮人残忍邪恶，"与禽兽无异，本不足郡县置也"，在他们身上投入大量物力和人力，就是浪费。海南是潮湿的瘴疬之乡，不宜常人居住。珠崖的珍珠、犀角、玳瑁，也不值得付出如此惨痛的代价。另一方面，用割弃这个地狱般的海岛所节省下来的耗费，来解决王朝内部真正急迫的问题，尤其是华北普遍干旱和谷物歉收带来的严重后果，是绰绰有余的。贾捐之的观点被充分采纳，尤其是因为那两个无可辩驳的事实：当时海南岛事实上已经失去控制，而王朝内部又有社会动乱。朝廷很快就相信，海南的黄金珠宝俗丽而廉价，是冒牌货，所以放弃经营海岛，并废除了珠崖郡。[1]从此，海南实际上已不在中原影响的范围之内，在此后长达90年

---

1 《汉书》卷64下，页0520a—0521a。

的时间里，它渐渐地与蛮荒之地融为一体，这片蛮荒之地很难说得清道得明，那是一片华人未能直接涉足的区域。

第二位同时也更有名的伏波将军叫马援，他成功地收复了南越之地，并且作为挖渠、造船和开山之神而名垂千古。[1]那时，由于中原无力控制，南越已逐渐回转野蛮状态。公元43年，当马援征伐告竣（或许在此后不久），"珠崖"这个旧郡名被再次启用，作为海南岛北端新建县的县名。这个据点隶属设在大陆的上一级政区合浦郡，这是一个标志，表明珠崖仍然是个小县，而且地位并不稳固。[2]不过，到了67年，情况已经有所改观。朝廷再次将其统治向西南方向推进，一直推进到前儋耳郡的周边区域。[3]

然而，对大部分中国人来说，海南仍然是一个遥不可及的岛屿，几乎是一个传说之岛。在汉代以后的文献记载中，"珠崖在大海中，南极之外"[4]，像从前一样，对海南人只有模糊的了解，也没能把这里的人与日本人区分清楚。海南人就如日本倭人一

1　除原材料外，他的事迹还可参看拙著《朱雀》，页194—198。

2　《后汉书》卷33，页0710b；《琼州府志》卷23，页1a；梅辉立《海南岛的历史和数据梗概》，页7。

3　《后汉书》卷65，页0773d；梅辉立《海南岛的历史和数据梗概》，页8；《琼州府志》（卷23，页1a）记载74年任命僮尹为儋耳太守，这一年，我们上文曾提到儋耳与僬侥一道进贡。然而，我并没有发现同时代人对僮尹以及这件事的记载。

4　刘欣期《交州记》，见《太平御览》卷172，页13b。

样，披着斗篷，携带弓箭，而且文身。[1]在这个文献不足的时代所保存下来的少量文本，提供了有关海南南部居民的一些新信息。他们由"殊种异类"组成，达10万余家，"虽男女亵露，不以为羞"。他们的皮肤因长期曝晒而变黑，故以黝黑为美。但另一方面，这里的女人却面目姣好，喜欢皮肤白皙和长发。[2]这种自相矛盾的描述读起来就像一段标准神话，讲的是这座天堂小岛（这里指海南岛）上住着一群神仙玉女。毫无疑问，尽信书本记载的人，很难把这类迷人的传说与最新报道的事实协调起来。

在中国人所说的天下纷乱割据的时代里，不太容易获得海南原住民的信息。汉帝国灭亡了，在其最辽远的疆土上，这只是一个纸面帝国而已。从3世纪到5世纪，北方人没有对海南提起

1　《三国志》卷30《魏书·乌丸鲜卑东夷传》，页1006a；角田柳作（Ryū-saku Tsunoda）《中国正史中的日本》，南帕萨迪纳：1951，页11。
译注：《三国志》卷30："（倭人）男子无大小皆黥面文身。……兵用矛、楯、木弓。木弓短下长上，竹箭或铁镞或骨镞，所有无与儋耳、朱崖同。"
2　《林邑记》和《交广春秋》，见《水经注》所引（卷36，页23b—24a）。两部书的作者均无考，但必定是6世纪之前的人。
译注：《水经注》："《林邑记》曰：'汉置九郡，儋耳与焉。民好徒跣，耳广垂以为饰，虽男女亵露，不以为羞。暑褻薄日，自使人黑，积习成常，以黑为美。《离骚》所谓玄国矣。然则信耳，即离耳也。'王氏《交广春秋》曰：'朱崖、儋耳二郡，与交州俱开，皆汉武帝所置，大海中，南极之外，对合浦徐闻县，清朗无风之日，径望朱崖州，如囷廪大。从徐闻对渡，北风举帆，一日一夜而至。周回二千余里，径度八百里。人民可十万余家，皆殊种异类。被发雕身，而女多姣好，白皙，长发美鬓。犬羊相聚，不服德教。儋耳先废，朱崖数叛，元帝以贾捐之议罢郡。'"按：薛爱华将"女多姣好，白皙，长发美鬓"误读为"女多姣，好白皙、长发美鬓"，故英文原书有"fond of white complexions and flowing locks"之说，已照译。

多大兴趣。东吴继承了曾经属于汉代的南方疆域，虽然这疆域并不稳定。当年曾使汉代谋臣焦虑不安的那些问题，也同样困扰着吴国的谋士们。有个吴国官员在2世纪末曾与南越有名的士燮共事。他上疏吴王，提出汉朝开拓海南之所以失败，要归罪于没有选好当地行政官员，缺乏适当的法律约束。许多小官吏很可能都是从本地原住民中选任的，这是边境地区的惯例。[1]甚至以全琮和陆逊为代表的吴国主要军事战略家，也都反对恢复过去在海南岛的统治，部分是因为这是一项劳民伤财而且徒劳无益的工程，尤其是国家此时还面临旱灾和高额赋税等问题，不堪重负。如此充分、传统的理由，早在汉代就被聪敏的贾捐之使用过了。这些官员还预言，这是一片可怕的瘴疠之地，"民如禽兽"，大批中原人会在这里丧失生命。不过，吴王孙权没有采纳这些有理有据的建议，而是在246年发兵攻占了珠崖。242年夏天，这支军队在聂友及其校尉陆凯率领下，进驻海南。陆凯由于"斩获有功"（如官方史书所说），后来当上了重新设立的珠崖郡的太守。[2]但是，

1　《三国志·吴书》卷8，页1048b—c。这个官员指薛综。我理解为文职行政官员的，他的原话是"长吏"。

2　《三国志·吴书》卷2，页1036d，卷16，页1064c。《晋书》卷14，页1120d。译注：《吴书》卷2："（赤乌五年）秋七月，遣将军聂友、校尉陆凯以兵三万讨珠崖、儋耳。"《吴书》卷16："赤乌中，（陆）除儋耳太守，讨朱崖，斩获有功，迁为建武校尉。"赤乌五年是242年。薛爱华称吴王孙权在246年发兵攻占了珠崖，误。

吴国也为恢复昔日荣光而付出了昂贵的代价。在这个潮湿而无珠的海岸之上，兵众死者十有八九。[1]

兵士们的悲惨遭遇和流血牺牲，从未让王朝统治者获得长治久安。虽然晋帝国实现了"重新统一"，他们却并未努力维持对海南北岸的管治。东吴曾经费尽气力才夺回这个地方，现在，珠崖郡却再次被废除。[2] 431年，晋朝的继承者刘宋在名义上又恢复了对珠崖的管理。[3] 而在6世纪，萧梁朝廷继续此项徒劳无功的工程，他们新设崖州，州城设在义伦县。此地并非珠崖郡之旧址，而是在海南岛西南部，大约就在早已湮没不闻的儋耳郡之地。[4] 然而，这里依然没有有效的建制。最后，隋朝军队重新统一中国，接管南方，他们在海南也取得了一些军事胜利。这波征服产生了许多女英雄，或者说是女战士，她们已在热带中国的军事史上享有盛名。其中一位就是女子冼夫人。她是广东沿海地区的原住民，也是冯宝的妻子，丈夫属于古代岭南原住民豪族冯氏。[5]

1　《三国志·吴书》卷13，页1059a，卷15，页1062c。

2　《晋书》卷14，页1120d。其他材料所记年份为281年。后世有些文献表明，珠官县在晋代及刘宋时期似乎仍然保留。参见《舆地纪胜》卷124，页2a。

3　《宋书》卷5，页1426d。

4　《方舆志》，《太平御览》引录，卷172，页13b；《舆地纪胜》卷124，页2a。洪齮孙《补梁疆域志》，"二十五史补编"，开明书店，1935，页39c；夏德（Friedrich Hirth）、柔克义（W. W. Rockhill）《诸蕃志译注》，纽约：1966，页175。

5　关于冯氏家族更详细的论述，参见拙著《朱雀》，页124—130。冯氏起于高凉，即唐代的恩州。

隋朝平定她的同种蛮族诸部落时，她曾提供巨大的帮助，甚至亲自带兵上阵攻打他们。据说，主要是由于她的英勇表现，儋耳1000余洞（即偏远的聚居地）归附隋朝。隋代开国之君隋文帝为表感激，册封她为夫人。[1] 珠崖郡恢复了建制，名下统领十县，十县环列全岛，共19500户，这数字无疑包括汉人和汉化的原住民在内。[2] 这是中国首个宣称全面掌控海南的王朝。虽然这一新局势使人满怀期望，但是，在隋炀帝统治的第六年，局势就开始恶化。611年初，叛乱开始爆发。其中最重要的是王万昌和王仲通两兄弟发动的。韩洪最终平息了骚乱。他是从中国西北边境派过来的。[3] 同年，王子杨纶被炀帝除名为民，与其家眷一道流放海南。他姿容美好，颇解音律。不幸的是，他在海南遇到原住民

1　谯国夫人。《北史》卷91，页3022b；《隋书》卷80，页2530b—c。
译注：《隋书》卷80："海南儋耳归附者千余洞。""追赠（冯）宝为广州总管、谯国公，册夫人为谯国夫人。"

2　《隋书》卷31，页2440a。《方舆志》（《太平御览》引录，卷172，页14a）言，隋在海南南部海岸置临振郡（即隋代的振州），然而《隋书》此地只列宁远县。
译注：《太平御览》卷172："《方舆志》曰：振州，延德郡。土地与朱崖郡同。隋置临振郡。唐置振州。"《隋书》卷31："珠崖郡（梁置崖州），统县十，户一万九千五百。义伦（带郡）、感恩、颜卢、毗善、昌化（有藤山）、吉安、延德、宁远、澄迈、武德（有扶山）。"

3　《隋书》卷52，页2481d。
译注：《隋书》卷52："(帝)拜（韩）洪陇西太守。未几，朱崖民王万昌作乱，诏洪击平之。以功加位金紫光禄大夫，领郡如故。俄而万昌弟仲通复叛，又诏洪讨平之。师未旋，遇疾而卒，时年六十三。"

林仕弘作乱，被迫窜逃儋耳以求安全。[1]此后，隋朝在海南的据点就逐渐瓦解。前朝王子杨纶最终获得新朝即唐朝统治者的准许，返回故乡。不过，林仕弘及其同党的骚乱，在许多年里仍然困扰着在南越的汉人。[2]

　　唐帝国从前代的丘墟中再生，政权得到巩固，国力增强，疆域扩大。尽管这个新的王朝在其最南端的统治并不如我们通常所期待的那样既强势、又长久，但是，它的国力和寿命却足以使其获得更精确而详细的海南岛自然史和民族志信息。先唐文献中，这座岛被描述成只有"野蛮人""异教徒"和"南蛮"居住。从8世纪起，文献中就开始出现许多对岛内不同种族的身份的描述，只是一开始还非常模糊。在此之前，只有一些基本事实，比如海南人的主要作物名、用来抵抗王朝军队的兵器种类，还有泛滥的淫荡之俗和迷信风气。而现在，原住民开始作为真正的人类出现，他们有复杂的社会和宗教制度，还有各种各样的艺术和手工业。不过，直到晚唐和宋代，真正细致的描绘才开始出现。我要描绘一幅中古早期的珠崖图像，所依据的就是那个时代的文献。

---

1 《隋书》卷44，页2469b。
译注：《隋书》卷44："帝以公族不忍，除名为民，徙始安。……未几，复徙朱崖。及天下大乱，为贼林仕弘所逼，携妻子窜于儋耳。后归大唐，为怀化县公。"
2 拙著《朱雀》，页124。

在这么做之前，先简单介绍一下唐代征服者在海南新建政区的
情况。

唐朝占领南越，过程复杂，此处不宜评说。[1]对海南来说，
事情的转折发生在622年八月二十九日。那一天，大首领冯盎决
定把他控制下的广大热带地区献给唐代将军李靖，海南岛当然包
括在这份大礼中。冯盎与冯宝同是显赫的亲华家族冯氏的成员，
而冯宝正是上文提及的那位高度拥华的当地女英雄的丈夫。[2]

在漫长的唐朝统治期内，中国人在这片领地上的行政机构
曾多次重组。总管机构所在地不断变换，一会儿设在广东，一
会儿设在今越南河内（Hanoi）；机构设置也时有变化，有时，
权力被授予特别委任的招讨使，有时则授予经略使。[3]这样，海
南行政区划亦即州县名称也就相应地变动不居，特别是县名。
下表显示的是8世纪官方统计的州郡纳税户数，约是整个唐代的
平均数：[4]

---

1 参见拙著《朱雀》页43—47的概述。
2 参见拙著《朱雀》，页45。
3 参见《旧唐书》（卷41，页48b）以及本书的"前言"。
译注：《旧唐书》卷41："唐武德初，复析珠崖郡，置崖、儋、琼、振、万安五州，于
崖州同置都督府领之。后废都督，隶广州经略使。后又改隶安南都护府也。"
4 关于人口统计，不同史料有分歧。我从中选择较为"合理"的数据，这些数字有
可能远远大于标准。

州	郡（与州相等）	位置	纳税户数
崖	珠崖	北部，最接近大陆	6646
琼	琼山	靠近西部	649
儋	昌化（儋耳）	西南	3309
振	延德	南部海岸	819
万安	万安	东南海岸	121

631年，在古崖州以南的山丘地区设置了琼州[1]，后来又创设万安州，这堪称是重大创举。万安州位于未曾开发的海岸边上，面向中国南海开阔的水域，朝着菲律宾群岛的方向。[2]

官方新取之地名，既有稳定性，又具理想色彩。"琼"字，特别是"琼州"，逐渐与整座海岛捆绑在一起，而且在现代成为海岛的官方名称。这就是稳定性。理想色彩则是指采用这个名字的原因，它代表了古代的某些乌托邦信念。我们将在下文谈到。这里只需指出一点就够了：在这种政治和管理的语境下，这个新的名称在9世纪时已经具有足够分量，可以用来充当皇族亲王的封号。琼王与其他拥有"秦王""楚王"之类古老尊号的兄弟一

---

1 《琼州府志》（卷44，页13a）称这一新州地点的选定是接受天意的兆示，这无疑是唐以后人编造的故事。
2 《新唐书》卷43上，页3b—4a；《旧唐书》卷41，页48a—b、49a—b；《方舆志》，见《太平御览》（卷172，页14a）；《太平寰宇记》卷169，页8a、11a、13a、18b。

样，会为自己的王号欣喜不已。[1]

虽然唐朝占领海南并取得了某些超越前代政权的功绩，但其统治只限于低海拔的几块飞地，而且还不断受到山地蛮族部落叛乱的威胁。最严重的是667年的一次叛乱，洞獠攻占了琼州。[2]705到709年，蛮族发动了一连串针对汉人沿海聚居地的袭击，破坏甚大，[3]而且整个8世纪，他们都在不断地制造麻烦。汉人在海南的境遇持续恶化，直到8世纪80年代，岭南节度使杜佑招讨蛮族取得突出进展。[4]由于杜佑的继任者李复运气好，又努力，这场战役于789年宣布结束。虽然李复似乎没有亲自去过海南，他却使这种威胁海南汉人定居点达百年之久的动乱局面得以暂时结束。而且，为了使南越文明开化，他采取了许多英雄之举，如教民作陶瓦等，也因此得到赞扬。789年，李复的属下（其中为首

1　唐宪宗和唐昭宗均有一子获得过琼王的封号。《旧唐书》卷175，页2a、8a。《琼州府志》（卷42，页5a）记载宋代王子赵仲偏在11世纪末得到过琼王的封号，但我并没有在《宋史》找到关于此事的记载。
译注：唐宪宗之子李悦，长庆元年封为琼王；唐昭宗之子李祥，光化元年十一月九日封。
2　《新唐书》卷3，页6a；拙著《朱雀》，页126。
译注：《新唐书》卷3："（乾封二年）是岁，岭南洞獠陷琼州。"
3　《新唐书》卷130，页4a—4b；拙著《朱雀》，页72。
译注：《新唐书》卷130："（宋庆礼）为岭南采访使。时崖、振五州首领更相掠，民苦于兵，使者至，辄苦瘴疠，莫敢往。庆礼身到其境，谕首领大谊，皆释仇相亲，州土以安，罢戍卒五千。"
4　《新唐书》卷166，页5b；拙著《朱雀》，页129。
译注：《新唐书》卷166："（杜佑）俄迁岭南节度使。佑为开大衢，疏析廛闤，以息火灾。朱厓黎民三世保险不宾，佑讨平之。"

的是姜孟京）从崖州幸存的根据地出发，将洞蛮从琼州城内及其周边未得到很好保护的汉人聚居地驱离，重建城墙，并且对内陆的蛮族部落发动了新一轮强有力的攻击。[1]正是在这个时候，唐朝设立了管理海南岛的新机构——都督府，府治位于琼州，驻守都督府的长官是"招讨使"。[2]此后将近80年，王朝对此地的统治似乎没有被真正撼动过。

864年，因为发生了许多重大而糟糕的事件而引人注目。这一年，一颗彗星出现，虽然朝廷司天台的官员大胆地把这种天象解读为有利国家的征兆，但人们并不能因此而无视南方的灾祸。岭南当地部落有大规模的暴乱，严重威胁汉人在海南的聚居地，这种情况多年前就已经开始了。858年，位于缅甸边境的唐朝宿敌南诏国，趁机挺进南越地区，声称要援助海南的造反者。863年，他们攻占整个安南都护府，并开始进攻今广西和广东西部地

---

1 《新唐书》卷43上，3b—3c；卷78，页10a；《旧唐书》卷41，页49a；《资治通鉴》卷223，页14a；拙著《朱雀》，页129。唐代琼州在现代琼州以南，更靠近高地蛮族。译注：《新唐书》卷78："（李复）转岭南节度使，时安南经略使高正平、张应继卒，其佐李元度、胡怀义等因阻兵胁州县，肆为奸赃。复至，诱怀义杖死，流元度，南裔肃然。教民作陶瓦，镌谕蛮獠，收琼州，置都督府，以绥定其人。"《旧唐书》卷41："贞元五年十月，岭南节度使李复奏曰：'琼州本隶广府管内，乾封年，山洞草贼反叛，遂兹沦陷，至今一百余年。臣令判官姜孟京、崖州刺史张少逸，并力讨除，今已收复旧城，且令降人权立城相保，以琼州控压洞贼，请升为下都督府，加琼、崖、振、儋、万安等五州招讨游弈使。其崖州都督请停。'"
2 《旧唐书》卷41，页49a；另参看本书"前言"。

区。不过，在864年，唐朝就有能力组织大规模的反攻，由令人敬畏的将军高骈统领。[1]此次战役有小部分发生在海南，李、赵、辛、傅四位将军攻入琼州以南山地的原住民聚居点，俘获黎洞首领蒋璘，并在此地设立新州，名为"忠州"（"忠诚之州"），在今定安县附近。[2]尽管此次战役扩大了唐代的统治区域，但是，华人仍然远离内陆的高山地区，那里仍然完全在原住民的掌控之中。新设立的州县，只能靠付出大量人员伤亡的代价才得以维持。最终的事实证明，所有这些都是徒劳无功的。867年，华人被迫放弃了这个据点。[3]

唐朝最后那几十年，整个南越地区陷入血腥的军阀混战，有关海南州县的命运，现存可资利用的材料甚少。917年，唐王朝在海南的统治权，终于被与众不同的热带王国南汉所继承，南汉国的创建者是冒险家刘䶮，其都城设在广州。[4]没有文献可以说明，新朝占据海南岛的范围有多大。南汉在海南沿海低地地

---

1 《新唐书》卷9，页2a；《资治通鉴》卷250，页15及其下；拙著《朱雀》，页134—136。

2 《图经》，《舆地纪胜》（卷124，页10b）引。《琼州府志》卷11上，页10b，卷22，页11a。此事显然不为王朝正史所关注，似乎只是汉人定居者引以为豪的本地事件。

3 《图经》，《舆地纪胜》（卷124，页10b）引。
译注：《舆地纪胜》卷124："《图经》云：'昔唐咸通中，辛、傅、李、赵四将，进兵擒捉黎洞蒋璘等，于其地置忠州。七年余，死亡无数，遂领兵还定西路。'"

4 参看拙著《闽国》涉及的各处。

区依旧实行与唐代类似的州县制，[1]但是有材料显示，朝廷在当地的控制权已经削弱，10世纪50年代，他们从儋州和万安州撤出了戍守的军队。[2]这个短命然而迷人的王朝在岛上留下了一些遗迹，几个世纪后还依然存留。其中有951年的琼州寺庙钟铭[3]以及琼州城西边的另一座寺庙殿宇，二者都是宋人所知的。[4]同一地区还有12根铁柱，本来是用以支撑宫殿屋顶的，南宋时，其中两根尚存，在城东壕水之中。[5]诸如此类的南汉考古遗迹确实表明，它已经相当有效地占据了唐朝当年的那些据点。但这并不意味着，岛上为数不多的中原定居者能够轻松度日。南汉末代君主刘铱在广州大兴土木，修建豪华的宫殿园林，需要大量金钱。因此，赋敛日益加重，到963年，琼州地区已到了一斗米需纳税四五钱的程度。这对当地农民来说是沉重的负担。也是出于这样一种对于钱财的过度需求，10世纪，南汉在远离海岸的深水区建

1 详参《南汉地理志》，页13—14。

2 见《琼州府志》卷42，页4b；《十国春秋》卷102，页6a—6b。

3 《南汉金石志》卷1，页7；《舆地纪胜》卷127，页11a。

译注：钟铭指的是琼州乾亨寺钟铭。

4 《舆地纪胜》卷124，页10a。

译注：《舆地纪胜》卷124："兴化寺。《南海志》云在州西城内，刘氏建为影堂，太平兴国间改为今额。"

5 《南海志》，《舆地纪胜》（卷124，页7b）引。

译注：《舆地纪胜》卷124："《南海志》云：'刘氏铸铁柱十二，筑乾和殿，后柯述取四柱植于设厅，今子城东壕水中尚存其二，余莫知所在。'"

立了著名的政府采珠场——媚川都。[1]

971年，宋朝军队完成了对海南岛最南端地区的征服，此地昔年曾被唐朝据有。只有以前是安南都督府的地区例外，它力图保持独立。从北方来的宋朝人发现，在海南岛较为偏远的沿海地带，汉人据点零落，人烟稀少，无法设立单独的政区管理。崖州、儋州、万安州、振州，全都处于海岛北端的琼州太守管辖之下。[2]

另一个改变也随之而来——这个改变给后世的历史地理学家带来困惑。972年，旧崖州从海南北端完全消失，全部被琼州取而代之；而往昔位于海岛最南端的振州，则被重新命名为崖州。[3]

1　《宋史》卷481，页5698c。参看拙撰《合浦采珠业》，《美国东方学会会刊》，第72期（1952），页162。
译注：《宋史》卷481："又赋敛烦重，邑民入城者人输一钱，琼州米斗税四五钱。置媚川都，定其课，令入海五百尺采珠。所居宫殿以珠、玳瑁饰之。"
2　关于这个决策的时间，不同史料说法有所出入。《太平寰宇记》（卷169，页11b）称崖州隶属琼州当在970年，于时宋军尚未完全征服海南，而《舆地纪胜》（卷124，页2b—3a）则说至971年才有此事，这个时间更有可能。未久，其他三州亦归属琼州。也可参看《宋史》（卷90，页4713d），但《宋史》并未明确具体时间。除了这些行政区划的变化，还有一些有关县级政区的细小调整，如宋初因为当地黎人作乱，而废除了洛场县（在儋州）。《太平寰宇记》卷169，页10a。注意：文中"洛场"有时误为"洛阳"。关于其他县的沿革情况，亦可参《舆地纪胜》卷124，页2b—3a。
译注：此处薛爱华所考年份有误。《太平寰宇记》卷169："皇朝开宝四年（971）平南越，割崖州之地属琼州。"则是971年。又云："皇朝开宝六年，割旧崖之地隶琼州，却改振州为崖州。"则是973年。皆非970年。若据《舆地纪胜》卷124："皇朝平南汉，割崖州之地入琼州。《寰宇记》云在开宝五年。"则应该是972年，非971年。
3　《太平寰宇记》卷169，页15b—16a;《琼州府志》卷首，页2a。

于是，从10世纪最后25年起，在古代那个位置，在能够眺望附近大陆的地方，已找不到昔日的"珠崖"。"珠崖"被奇怪地移置于海岛最为偏远的地方，面向广阔的海洋，并且一直延续到今天。但是，至少有一段时间，海岛北部的当地居民还在使用"旧崖州"来称呼他们的琼州家乡。[1]

宋初这段时间在遥远海南新开拓的州县，其情形如何、条件怎样，材料甚少，不足为征。单薄的材料显示，宋朝对此地的占领是不完整和不稳定的，一些雄心勃勃的地方长官，偶尔也会扩大占领地。比如太平兴国年间（976—984）任巡检使的李崇矩，就是这样一位。"巡检使"意味着，他是宋王朝在岛上的主要代理人，统管海南四州。据《宋史》记载，李崇矩亲自到"洞穴"中，造访那些好生事的原住民，帮他们解决问题，还给他们的头领赠送丰厚的物品，于是"众皆怀附"。[2]这段记载与通常描述汉人盘剥、掠夺和奴役原住民的故事大相径庭。用如此温和而且无利可图的举动去扩大宋王朝的影响，似乎不可能只是暂时的。

在北宋许多较次要的行政区划变化中，最值得注意的是下面

---

1 《琼管志》，见《舆地纪胜》（卷127，页3b）引。
2 《宋史》卷257，页5192c。
译注：《宋史》卷257："（李崇矩）移琼、崖、儋、万四州都巡检使，麾下军士咸惮于行，崇矩尽出器皿金帛，凡直数百万，悉分给之，众乃感悦。时黎贼扰动，崇矩悉抵其洞穴抚慰，以己财遗其酋长，众皆怀附。"

这些。1052年，南越原住民部族不断起兵叛乱，制造麻烦。[1]朝廷对海南的统治已经衰落到琼州的最高管理权被完全取消，全岛由位于大陆的容州（广西"三管"之一）管辖。[2]根据1054年的一份官方记载，海南隶属容州也只是短暂的。当时，有个叫符护的黎族显贵，因为边吏捉拿了他10个奴婢，愤而擒走巡检使慕容允则及其五六十个军士——尽管符护后来还是释放了他们。[3]由此可见，虽然往日的管理方式（巡检使）又在海南重新恢复了，但是，这种管理方式能够奏效，靠的是与汉人比邻而居的蛮族部落的善意，他们是绝不会被汉人吓坏的。不过，此时情形已与400多年前大不相同了。有材料表明，11世纪也许比平常时期更糟糕。因为我们从史料中读到，1073—1074年，处于琼州之外蛮荒之地的三个边远州，从行政区"升格"（委婉的说法）为军区。在西面，儋州变成昌化军（1073年）；在东面，万安州成了万安军（1074年）；南面，崖州变成朱崖军（1073年），不幸

1 《宋史》卷12，页4513d。
译注：皇祐四年，广源州蛮侬智高叛乱，攻占邕州，自立为皇帝，其后连下十二州，进围广州。最后被宋将狄青、余靖剿平。
2 《琼州府志》卷42，页5a。我并未发现这个记载所依据的同时代文献。
3 《宋史》卷495，页57209a—b。
译注：《宋史》卷495："至和初，有黎人符护者，边吏尝获其奴婢十人，还之。符护亦尝犯边，执琼、崖州巡检慕容允则及军士。至是，以军士五十六人与允则来归。允则道病死，诏军士至者贷其罪。"可见，据原文，符护犯边执人在边吏获其奴婢之前，符护因边吏还其奴婢，而还巡检使及其军士。薛爱华此处似有误读。

的是，这是"珠崖"一词再次变换所指。朱崖军后来又被改为吉阳军。[1] 我们还查阅到：1076年，黎人黄婴[2]攻袭朱崖军汉人聚居地时，朝廷下诏"广南西道"（相当于今广西壮族自治区）严兵备之。综上，海南岛的最高管理权似在岛外的大陆地区。[3]

这个时期亦即元丰年间（1078—1085）的官方人口普查，让我们对宋朝经营海南政策的失败有一个大致的了解，因为自从唐代之后，这里的人口就没有增长。各州人口数字，从琼州的8963户到偏远的万安军的270户，[4]比起8世纪来只是微有增长。

北宋末年，在平定最偏远地区的原住民方面取得了一些明显进展。1086年，皇帝降诏，为海岛最南部朱崖军黎人表现出的忠诚欣喜不已，皇帝高兴地允许"生黎悔过自新"。[5]此后不久，1107年，在海岛腹地难以管制的黎母山地区，设立了一个全新的行政区域，即镇州。这次雄心勃勃的冒险，只维持到1111年末1112年初，就以废除镇州告终。与此同时，众望所归

---

1 《宋史》卷90，页4713d。
2 关于南越地区黄氏家族的重要性，参见拙著《朱雀》，页103—104。
3 《宋史》卷15，页4524a；《琼州府志》卷42，页5a。
4 《宋史》卷90，页4713d。关于宋代人口的其他统计数字，可能有些不可靠，参看《太平寰宇记》卷169，页8a、13a、16b。
5 《宋史》卷17，页4527b。

的琼州，作为海南残留的最后一个州，勉强维持着民政管理机构的模样，最终也走上了儋州、崖州和万安州的旧路，被静海军（靖海军）取而代之。[1]珠崖的原住民未能被这种新制度同化。

1　《宋史》卷20，页4532d，卷90，页4713d；《舆地纪胜》卷124，页3a。
译注：《宋史》卷20："辛亥，废镇州，升琼州为靖海军。"卷90："镇州。大观元年，置镇州于黎母山心，倚郭县以镇宁为名，升镇州为都督府，赐静海军额。政和元年，废镇州，以静海军额为琼州。"靖、静，古相通。

第二章

自　然

头上，未曾梦到的星球闪耀着——

我们已知的星星消失了。

旁边，成群的水手手指

那一片火光点燃的

深沉静谧，海底的鲨鱼循此

光亮飞射向前。

——鲁德亚德·吉卜林

《偕德瑞克游热带》

现在，我们要来好好审视一下这颗中国南海的珍珠：围绕着它，曾经发生了那么多次恐怖的战争，产生过那么多未能解决的良知冲突。它到底是什么样子的？是否值得人们为之投注那么多心力？它只是一片鬼怪出没的荒地，为文明人所不齿？抑或它只是从湖南延伸到安南的那一片温暖南方大地的更有生机活力的伸展，人们在汉代之后已逐渐有所领略，不过还难以消受？甚至，它是否比其他更古老的边疆更有吸引力？甚至有可能既是已经消失的美好往昔的遗址，同时又是尚待认识的乐园？[1]要想回答这些问题，首先需要评估一下海南的物理特征。中古早期，亦即晚唐与宋初，大多数中国人来到这里，乃是迫不得已。在他们眼中，海南是怎样一个朦胧模糊的形象，本章将予以重建。

直到6世纪或7世纪，[2]大部分中国人对海南仍所知甚少，除了一小片靠近北部海岸（即大陆偶然向南凸出的狭长地带[3]）的地区。这个地区就是古代的珠崖。由此向前，就是罕为人知的腹地，令人望而生畏，人们想象那是南边大陆向前延伸的一块宽阔的海角之地。只有通过外国水手的报告，或者透过当地人的私下透露，才能得知一二实情。外来人在这里不受欢迎，对更远处的滨海地带也就毫无切身认知。但是，随着唐朝的开拓进取，并在

---

1 我并不想重建海南整个中古时期的自然史（假如可能的话），而只是提出其原始时期的特征。海南的许多细节特征，与中古南越地区那些早已消失的蛮荒区域是一样的，我在《朱雀》中已有所描述。本书仅重点展示其与大陆地区不同的几点。例如，海南有柑橘（虽然不是最好的），但大陆却没有柠檬。

2 也就是说，直到隋朝，中国才第一次在海岛南部建立某些行政管理机构。

3 译注：指雷州半岛海岸。

全岛确立了统治权，海南岛的真正形状也开始浮出水面。当地官吏兢兢业业地收集信息；有些最勇敢的人，还探访了边区的蛮族部落。把各种地图初稿合并来看，内陆地区肯定还存在大片空白，美中不足。不幸的是，最早的地志和图经方志都亡佚了。宋代之前的书名中出现过"海南"两字，那是不会欺骗我们的。比如，唐代达奚通编撰的《海南诸蕃行记》，[1]顾名思义，大概只是"对中国南海海岸及岛屿的异族人的记述"，或者用我们的话说，就是记述"海洋民族"。

然而，自中唐以降，当地官员逐渐明白，制作精确的舆图方志是自己的分内之事。[2]到了宋初，出版这类图书，已经有了十分固定的程序，大量图经（附有图表的标准文本）因此应运而生。不幸的是，海南图经只有一个样本仍然存世，那就是《琼管图经》，其作者是13世纪初的赵汝厦，大概是海南岛的高级官员。[3]与此类似的其他官方出版物，宋初就已经出现了。作于977年的李符《海外诸域图》，几乎可以确定包括海南全岛在内。[4]凌

---

1 拙著《朱雀》，页298。同页注释2提到有一唐代地图名称与此类似，其所谓"海南岛"，极有可能也只是指"大海南边之岛"。

2 拙著《朱雀》，页296—297。

3 《宋史》卷204，页4994c；夏德、柔克义撰《诸蕃志译注》，页178。

4 《宋史》卷270，页5225c—d。《琼州府志》（卷42，页4b）则云李符正式向朝廷献上此书时在978年。

策于1003年绘制的《海外诸蕃地理图》，也同样包括海南在内。[1]然而，我们很难推测这些已经亡佚的中古图经究竟包含哪些具体信息，能够确定的是，它们给并不确定的海岸勾画了一个貌似合理的大致轮廓，提供岛内州县的相对位置以及联结各州县的道路，还有已知的山丘和水道。

今天，我们可以将这座海岛作为一个整体来审视，甚至推测它在史前各个时期的情况。如同台湾岛、婆罗洲（Borneo，即今加里曼丹岛）、苏门答腊（Sumatra）、爪哇（Java）一样，海南也处于巽他大陆架（the Sunda Shelf）之上，并且在全新世才从亚洲大陆分离出来的。琼州海峡低浅，而且仅有10到15英里宽。在更新世（the Pleistocene）的末期，海南北部和雷州南部一系列剧烈的火山运动以及巨大冰川融化带来海平面上升，海水淹没了东西方向的断层带，形成了海峡。[2]海南岛的岩芯是广西西江以南山脉的延伸，而广西这一山脉本身又是云南诸山延伸出来的长长的尖坡。[3]地质学上全新世（the Recent geological age）初期

---

1 《琼州府志》卷42，页4b。《宋史》（卷307，页5313a—b）有他的传记，但并没有提及此图。他是一名循吏。

2 安东尼·赫胥黎《世界上的海洋和海岛的百科全书》，纽约：1962，页152；狄龙·李普利（S. Dillon Ripley）、时代生活丛书编辑合著《热带亚洲的陆地与野生动植物》，纽约：1964，页102。

3 赫胥黎《世界上的海洋和海岛的百科全书》，纽约：1962，页152。

剧烈的火山爆发所产生的熔岩（主要是橄榄玄武岩）、凝灰岩、火山渣锥、火山口湖以及其他残留物，使海南北部稻田和草地的土壤变成红色和棕色。[1]由此而南，花岗岩山体暴露，构成了高地地貌。越过海岛中心点，就是五指山，也是海南的最高点。[2]

这些山峰高达6000多英尺，森林葱郁茂密，是原住民部族最后的据点，外人难以进入。它们超出了中古汉人视野之所及，虽然有一部宋代文献称原住民对山巅地区也一无所知。[3]较近的地方有黎母山，那里的悬崖峭壁草木葱茏，巨石遍布，定居在山脚下的汉人，即使在晴天，也难以探明山上的情形。[4]它们看起来寥远而壮观，仿佛要刺破坚固的蓝色天穹，所谓"一峰耸翠插

1　还有一些变质岩的残留物。莫古礼《海南岛札记》，《岭南农事半周刊》，卷1，第1期（1922），页67；莫古礼《岭南大学第三、第四次海南岛之考察》，《岭南科学杂志》，卷12（1933），页382；李承三《广东海南岛北部地质和矿产资源的初步调查》，《两广地质调查所年报》，卷2，第1期（1929），页62—67；萨维纳《海南岛志》，页24；芬次尔《海南岛：基于旅行观察与现有文献的速写》，页123—124；泰特（G. H. H. Tate）《东亚哺乳动物》，纽约：1947，页15—16。

2　萨维纳《海南岛志》，页34；李承三《广东海南岛北部地质和矿产资源的初步调查》，页62—63。

3　《岭外代答》卷1，页6。
译注：《岭外代答》卷1："海南四州军中，有黎母山。其山之水，分流四郡。熟黎所居，半险半易，生黎之处，则已阻深，然皆环黎母山居耳。若黎母山巅数百里，常在云雾之上，虽黎人亦不可至也。"

4　关于海南群山的特征，可参拙著《朱雀》，页29—30。有关五指山顶峰高度的记载，从6300英尺到7300英尺不等。最近的地图都采用数值较低的那个高度。参见莫古礼《海南岛札记》，页70—72。

天"。[1] 它们充满着神秘和魔力：

> 天将降雨，则祥光夜见。望气者谓南极星降此山。[2]

又：

> 岛上四州，以黎母山为主山，特高。每日辰巳后，云雾收敛，则一峰插天。至申酉间，复蔽不见，此必所谓南极星芒所降之地也。[3]

"黎母"意为"黎人之母"，这座山就是黎人的家山，山中的谷地和洞穴哺养了岛上土生土长的黎人，这个山名是很恰当的。宋代初年，族名"黎"在海南地名中变得相当普遍——这也许是中国人逐渐熟悉该岛的一个征兆。[4] 所以，除了黎母山，这里还有黎吟泉、黎粉山。[5] 这些名字的意义，今天已无法查明。也许，这些地名保存了对于筚路蓝缕初期重大事件的黯淡记忆，

---

1 《平黎记》，引自《舆地纪胜》卷124，页6c。
2 《平黎记》，引自《舆地纪胜》卷124，页5a。南极即南极点。
3 《图经》，引自《舆地纪胜》卷124，页10a—10b。参见《桂海虞衡志》，页32b。
4 《桂海虞衡志》，页32b—33a。
5 《太平寰宇记》卷169，页11a。

抑或是中国人对当地地名做了通俗词源学的处理。事实上，宋代文献早已指明，"黎母"并非指"黎人之母"，"黎"是"犁"之讹，"犁"指的是牵牛星，而"母"是"婺"之讹，[1]"婺"则指的是另一星座（相当于水瓶座）上一个主要的星宿。实际上，这两颗星宿正是掌管热带中国命运的星宿。此外，传说婺女星常降在黎母山。于是，人们相信它与南极星一样，它的出现，有时预示着季风性降雨。[2]

从海岛南部海岸尚不稳固的据点（这里刚被命名为崖州）向北望去，宋人可以看到奇特秀美的高山，所谓"峰峦秀拔"。[3]比起从北部那些旧据点可以望见的山峦来，南部的山峦似乎显得更加凶险。在海岛最南部，即使是山麓地带，都是：

> （吉阳）地狭民稀，气候不正。春常苦旱，涉夏方雨。樵牧渔猎，与黎獠错杂，出入必持弓矢。[4]

1　关于婺女星，参看拙著《朱雀》，页249—251。
2　苏轼《和拟古》其四的注释，见《苏文忠公诗合注》卷42，页8b，所引佚名《名胜志》，有可能是清代的文献（参见清代的《名胜杂志》）；《平黎记》，引自《舆地纪胜》卷124，页5a—5b；《舆地纪胜》卷124，页1a；夏德、柔克义《诸蕃志译注》，页182。
3　《琼管志》，引自《舆地纪胜》卷127，页3a。
4　《琼管志》，引自《舆地纪胜》卷127，页3b。

海南高地湿热、艳丽而神秘，布满了流泉、溪涧、激流和瀑布。再高一些的地区，甚至在古老的花岗岩上，冲出深峭的河道和狭窄的深谷。[1]但是，即使低地也有优质水源，足以自豪。琼州郡城东边那一处甘甜而受人尊敬的冷泉，还与伟大诗人苏轼的名字联系在一起。苏轼于1097年经过这里，赞扬过泉水的独特风味，1100年他返回大陆途经此地，再次过访这处泉水。其时，泉水早已因为他的第一次到访而声名远扬。[2]据说，唐代贬谪官员李德裕早就熟知这个优质的泉源。而且，有个圣僧声称，这些泉水是由京城长安的一口水井补给的，它们之间经由地下通道连通，因此，圣上的仁政措施总能通过这些地下水道，流向海南这个不幸的贬谪之地。[3]

然而，并不是所有有价值的泉水都是冷的。正如整个南越地区一样，海南也会冒出有治愈效果、有益人类的温泉。[4]这里还有一些泉水，其温度随时序而变化。这类泉水，有些在儋州附近：

---

1 芬次尔《海南岛：基于旅行观察与现有文献的速写》，页139。
2 苏轼《洞酌亭》，《苏东坡集》，"国学基本丛书"，第7册，卷7，页88—89。
译注：苏文曰："琼山郡东，众泉觱发，然皆冽而不食。丁丑岁六月，轼南迁过琼，始得双泉之甘于城之东北隅，以告其人，自是汲者常满，泉相去咫尺而异味。庚辰岁六月十七日迁于合浦，复过之。太守承议郎陆公，求泉上之亭名与诗，名之曰洞酌。"
3 《舆地纪胜》卷124，页8b。
4 关于南越地区的著名温泉以及它们的特点，详情参看拙著《朱雀》，页292—295。

夏即清冷，冬即沸热。有患疯疥癣气者，浴之皆愈。[1]

海南的气候是否如其地下水一样有益健康，对此人们还有些捉摸不定。海南岛是热带季风气候，每年四月和五月，热带季风开始从南海吹来湿气，直到十月份才逐渐停息。接着，风向骤改，冬季干燥的季风开始由辽阔的亚洲内陆刮来。[2]这没什么可惊奇的，但是海南与其他热带岛屿不同的是，冬季季风期间，其内陆高地偶尔会有降雪。[3]

中古时期对珠崖气候描述得最好的人，首推苏轼。下文所引诗作，其创作灵感来源于陶潜的典范作品。苏轼以一种偏惊物候的心情，评说自己在海南不得不过的那种生活，虽然内涵丰富，但四季并不明显：

海南无冬夏，安知岁将穷。

时时小摇落，荣悴俯仰中。

上天信包荒，佳植无由丰。

---

1 《太平寰宇记》卷169，页10b。关于在海南岛另一侧即万安军的温泉，参见《舆地纪胜》卷126，页3a。"疯"疑可译为"偏头痛"之类。

2 拙著《朱雀》，页254—255。

3 芬次尔《海南岛：基于旅行观察与现有文献的速写》，页138。

锄櫌代肃杀，有择非霜风。

手栽兰与菊，侑我清宴终。

撷芳眼已明，饮酒腹尚冲。

草去土自隤，井深墙愈隆。

勿笑一亩园，蚁垤齐衡嵩。[1]

土壤惊人地肥沃，作物的成熟又快又容易（绝不像在古老的
中原耕地上那样耕作艰难、收获缓慢），有利必有弊，与此相对
应的是，这里的东西也容易迅速腐烂。再引一段苏轼的文字，是
他 1098 年在海南写的：

岭南天气卑湿，地气蒸溽，而海南为甚。夏秋之交，物
无不腐坏者。人非金石，其何能久？然儋耳颇有老人，年百
余岁者，往往而是，八九十者不论也。乃知寿夭无定，习而
安之，则冰蚕火鼠，皆可以生。吾尝湛然无思，寓此觉于物
表，使折胶之寒，无所施其冽，流金之暑，无所措其毒，百
余岁岂足道哉！彼愚老人者，初不知此特如蚕鼠生于其中，
兀然受之而已。一呼之温，一吸之凉，相续无有间断，虽长

1　苏轼《和陶五月旦日作和戴主簿》，《苏东坡集》，第10册，卷3，页92。

生可也。庄子曰："天之穿之，日夜无隙，人则固塞其窦。"
岂不然哉。九月二十七日，秋霖雨不止，顾视帏帐，有白蚁
升余，皆已腐烂，感叹不已。[1]

简而言之，尽管这里的霉菌能够使万物腐坏，但是只要无争
无思，与环境合一，仍然可以保养宝贵的身体。人不能违抗至关
重要的当地之气，这种气，每个地方各有不同，但每个人都能够
拥有。这是追求长生不老的道教徒苏轼的想法——他希望在这片
古代道教圣人不曾亲临的湿热土地上延年益寿。

尽管一般北方人把海南看成是致命的瘴疬之地，[2]但是，北宋
有些官方文献却承认，海南这方面的名声可能被夸大了。我们上
文提到的李符，据《宋史》记载，他曾在宋王朝征服海南后不
久，绘制了海南岛的地图。他从有益健康的角度，比较了不同贬
谪之地的条件。他特别提到卢多逊的案例，此人在下文还会谈

---

1 苏轼《书海南风土》,《东坡题跋》卷6，页34a—34b。参见林语堂《苏东坡传》(纽
约：1947，页372)中的译述。在我看来，林氏对文中所引《庄子》之句的翻译，误
解尤多。我更认同翟理斯（Herbert Giles）的译法，他认为上天给予的气息是必不可
少的："上天供给，日夜不息，人则中道而止。"参看翟理斯《庄子：神秘主义者、伦
理学家、社会改革家》，伦敦：1889，页360。
2 疟疾和其他热带疾病都是海南常见的。最近，中国政府宣布，1956年已排干东海
岸沼泽地水，根治了疟疾。史图博、梅里奇《海南岛的黎族：对华南民族学的贡献》，
柏林：1937，页23；邱茉莉《海南：觉醒的乐园》，页38。苏轼贬谪时所居住的昌化
地区，瘴气似乎相对较少。参看夏德、柔克义《诸蕃志译注》，页178。

及。李符写道："珠崖虽远在海中，而水土颇善。春州（在广东内陆）稍近，瘴气甚毒，至者必死。"[1] 宋代有部官方地志，或许是笃信苏轼之说，在评述海南岛居民的健康情况时说："夏不至热，冬不甚寒，乡邑多老人，九十、百年，尚皆健步。"[2]

无论本地人的体格如何强健，海南的气候也并不是一成不变的。十一月的雨季高峰期（略晚于与此相邻的对岸大陆）过后，海岛东北部会因北来的冬季季风而冷爽下来。随之而来的是旱季，旱季高峰期在二月，亦晚于大陆。但是，海岛腹地的高山，阻断了北来季风的温和影响，所以海岛南岸终年受到南海湿热季风的影响。因此，海岛南部就成了中原人最无法接受的居住地，因为他们早已习惯半干旱大陆性气候，也习惯江南地区较为温暖的天气。[3]

无论海岛北部还是南部，任何人都无法对来自中国南海、不时肆虐的台风视而不见。我们所讨论的这个时期，就有些著名的例子：982年，早秋的飓风摧毁了琼州的城门、州署以及大部分

1 《宋史》卷270，页5225d。
2 《琼管志》，引自《舆地纪胜》卷124，页6a。
译注：原文尚有："东坡云：'食无肉，出无友，居无屋，病无医，冬无炭，夏无寒泉。'语虽不多，已尽风土之大概。夏无蝇蚋，尤可喜也。"为《琼管志》笃信苏轼之又一说。
3 郇和《海南鸟类学》，《朱鹭》，第6卷（1870），页78；芬次尔《海南岛：基于旅行观察与现有文献的速写》，页127。

民舍；[1]1082年夏天，灾难性的台风毁坏了海岛南岸新设朱崖军的庐舍。[2]这些可怕的事件，并没有逃过沉静达观的苏轼的注意，他用散文和诗歌表达了自己对台风的看法。1082年稍晚一些时候，持续不断的风雨降临海南，切断了海南与大陆的所有交通，苏轼写道：

> 飓作海浑，
>
> 天水溟濛。[3]

他还写了一篇《飓风赋》，这是一篇铺张扬厉的韵文。这篇名作早已全文翻成英语。[4]然而，重新翻译这篇作品的核心部分，省略诗人按照惯例而引证的历史文献，同时也省略文末一段庄子式有关相对与无常（只要轻轻吹口气，蚊蚋就会被驱散）的议论，并没有什么不妥。读者透过文中对现实飓风的铺叙，看到

---

1 《宋史》卷67，页4643d。

2 《宋史》卷67，页4644a。

3 苏轼《和停云》，《苏东坡集》，第10册，卷3，页91。

4 李高洁（Le Gros Clark）译《苏东坡赋》，上海：1935，页219。

译注：清徐文靖《管城硕记》卷26："《飓风赋》，苏过所作也。过字叔党，子瞻（苏轼）第三子也。宋（元）祝尧曰：'岭南有飓风，每作时，鸡犬为之不宁。过随父过岭，故作此赋。'梅氏引以为子瞻，误矣。"按：后人（如《历代赋汇》《苏文奇赏》）误题，遂致以讹传讹。

精心结撰的骈文风格核心。可以想见，它是充满历史和神话的典故，杂糅各种程式化的象征和夸丽的意象。飓风的自然威力永存，而苏轼笔下那些古老的意象也将长存：

仲秋之夕，客有叩门指云物而告予曰："海气甚恶，非祲非祥。断霓饮海而北指，赤云夹日而南翔。此飓风之渐也，子盍备之？"语未卒，庭户肃然，槁叶簌簌。惊鸟疾呼，怖兽辟易。

忽野马之决骤，矫退飞之六鹢。

袭土囊而暴怒，掠众窍之叱吸。

予乃入室而坐，敛袵变色。客曰："未也，此飓之先驱尔。"少焉，排户破牖，殒瓦擗屋。礌击巨石，揉拔乔木。

势翻渤澥[1]，响振坤轴。

疑屏翳[2]之赫怒，执阳侯[3]而将戮。

鼓千尺之涛澜，襄百仞之陵谷。

吞泥沙于一卷，落崩崖于再触。

1　中古音为Bwĕt-ghaai，渤海。
2　字面意义是"屏风阴翳"，这里是古代神名，主管暴风雨。
译注："屏翳"有四说，为云神、雨师、雷师、风师。
3　古代波涛之神。

列万马而并骛，会千车而争逐。

虎豹慑骇，鲸鲵犇蹇。

类巨鹿[1]之战，殷声呼之动地；似昆阳[2]之役，举百万于一覆。

予亦为之股栗毛耸，索气侧足。夜拊榻而九徙，昼命龟而三卜。盖三日而后息也。父老来唁，酒浆罗列，劳来僮仆，惧定而说。理草木之既偃，辑轩槛之已折。补茅屋之罅漏，塞墙垣之隙缺。已而山林寂然，海波不兴，动者自止，鸣者自停。湛天宇之苍苍，流孤月之荧荧。[3]

苏轼承认对飓风心怀恐惧，这是可信的，但这也是一种程式化的表现：中国南方沿海令人胆战的台风，在诗文中早已被描写几百年。[4]

虽然苏轼发现海南岛的固体物理世界与近在对岸的大陆有极多相似之处，但是两者绝不是完全一样的。海南被视作南越地区的一部分，所以比较两者，通常的表述都是："……（南越如何），

---

1 项羽击败秦军之地。

2 光武帝刘秀击败王莽军队的地方。

3 苏轼《飓风赋》，《苏东坡集》，第10册，卷3，页119—120。

4 参见拙著《朱雀》，页256—258。

海南更是如此。"海南的岩石也与南越一样，不管是火成岩还是现代火山岩，都能产出既奇异又有效用的石头。不过，关于各种圣石和仙石的性状，且留待后文再谈，因为海南蕴藏的神奇矿物甚至比岭南沿海还要多，所以，这个问题需要特别重点关注。这里只要指出这一点就足够了：在海南新发现的几种奇岩怪石，在中原各地也能找到类似之物。

琼州城西南山池，出产一种状似橄榄的卵石，中可穿孔，被称为"橄榄珠"。[1]琼州近处还有一条溪涧，水中有很多石头，石面平展，彼此相距大约两三尺，跨越激流时，用这些石头来做垫脚石。"或有乘牛过者，牛皆促敛四蹄，跳跃而过，或失则随流而下。见者皆以为笑。"[2]这里还有好些岩石，形状像某些动物，让人着迷。毋庸置疑，它们曾经栩栩如生过。其中就有儋州近海的狮子石[3]，以及同样在儋州的兄弟石（据说是两个渔人的身体石化而成）。[4]虽然这种一目了然的石化现象可以让敏感的人思索未知世界的奥秘，但是，海南的汉人（郁郁不平的贬谪者除外）皆为逐利而来，很少有人会去做这种无利可图的形而上的思考。无论如何，

1　《舆地纪胜》卷124，页8b。

2　刘恂《岭表录异》卷上，页2。

3　《太平寰宇记》卷169，页10b。

4　《述异记》卷下，页15a。

这里没有人像柳宗元那样，去沉思这些奇观异物的意义。

不过，海南是有金矿的。[1]中部山脉的古老岩石蕴藏着这种贵重的物质，[2]但是，唐宋时期沿海的汉人很难到这些人迹不至的巉岩峭壁上开采金矿，尽管他们有时能从不情愿的原住民手中得到这种金属，就像埃尔南·科尔特斯（Hernán Cortés）和弗朗西斯科·皮萨罗（Francisco Pizarro）当年那样。[3]然而，那些难以开采的坚硬的岩金矿，在碎裂或受到水蚀后，变成光滑的小薄片和小金块，也有可能在下游的河滩中被人发现。[4]唐宋时期，这些冲积矿必须将大部分金子上交，以满足朝廷的需索，海南各地的官员为此疲于奔命。[5]宋初，海南北部的旧崖州曾向朝廷进贡一种优良的物产——"金花"。"金花"这个名字在唐代的一本书

1　海岛腹地山脉还有铁矿和钨矿，但是铁在中古时期似乎并未得到开采，钨自然更是不为人知。

2　莫古礼《海南岛札记》，《岭南农事半周刊》，卷1，第1期（1922），页69。

3　译注：埃尔南·科尔特斯（Hernán Cortés，1485—1547）是16世纪活跃在中南美洲的西班牙殖民者，以摧毁阿兹特克古文明，并在墨西哥建立西班牙殖民地而闻名。弗朗西斯科·皮萨罗（Francisco Pizarro，1471 / 1476—1541）是同一时期另一位西班牙殖民者，开启了西班牙征服南美洲（特别是秘鲁）的时代，也是现代秘鲁首都利马的建立者。

4　李承三《广东海南岛北部地质和矿产资源的初步调查》，《两广地质调查所年报》，卷2，第1期（1929），页72。

5　唐代及北宋时期海南贡金情况，可参《新唐书》卷43上，页3b—4a，《太平寰宇记》卷169，页17a—17b，薛爱华、沃拉克《唐代土贡研究》，《东方学》，第4期（1958），页228。

中已经出现过，指的是一种装饰精美帷帐的金叶。[1]这里，"金花"确实是指人工制作的金片，而10世纪晚期，旧崖州的黄金号称"有花彩"，[2]则很可能是一种呈枝叶状的结晶自然金（crystalline gold），今天我们称之为"树枝状自然金"（dendritic gold）。崖州还有一个奢侈产业，即制造下棋用的金质棋子。[3]事实上，对华人来说，海南几乎就是一座黄金海岛。我在其他地方把它描述成"未为人知的黄金半岛"[4]，这意味着，它很可能就是中古时期阿拉伯水手传说中的那个瓦克瓦克（the Waqwaq），这个地方即使是猿猴也戴着黄金项圈。[5]

在唐代，崖州也向北方的朝廷贡银，[6]而到了宋代，被迫进贡这种白色金属的地方变成了琼州、儋州和万安州。[7]

蓝铜矿具有极具吸引力的蓝色，在唐代，它也是崖州的一种

1 《杜阳杂编》。详情可参拙著《撒马尔罕的金桃》，页115—122。
译注：此处英文原文作 the gold leaf to decorate the surface of an exquisite paper，而《杜阳杂编》原文作"金花帐"。
2 《太平寰宇记》卷169，页13b—14a。
3 同上。
4 拙著《朱雀》，页64。
5 拙著《朱雀》，页325。
译注：瓦克瓦克是个地名，出现在8世纪到13世纪阿拉伯文献《道里邦国志》中，具体位置尚不清楚。据称，其地与中国隔海相望，盛产黄金。
6 《新唐书》卷43上，页3b；薛爱华、沃拉克《唐代土贡研究》，页228。
7 《宋史》卷90，页4713d。

贡品。[1]

跟这个帝国的其他沿海州县一样，海南沿海州县也产盐。[2]《宋史》告诉我们，在岛内销售的唯一本地产品是盐，大概是卖给本地人。但是，由于当地官员储藏盐货，并禁止向外地兜售，煎盐户被迫向他们上交大量产盐。这项垄断措施导致了大量煎盐户破产，无疑官员也凭此中饱私囊。[3]

尽管海南的云母片岩风化后会使其中的锡矿石露出来，而且中古时期人们也需要用锡来冶炼青铜，[4]但是并没有证据表明有人在海南开采过锡矿。事实上，恶劣的气候和顽抗的原住民阻碍了汉人对中央山脉大部分矿产的全面开采。

海南的植物，既普通又特殊，既原始又现代，既有古典传统，又有异域情调，既变化多样，又一致统一。有些植物与中国大陆的植物群有明显的关系，其他植物则与台湾有关系，还有的甚至与大洋洲及太平洋岛屿的植物群相关。[5]这里充满了各种奇

1 拙著《朱雀》，页314。

2 《新唐书》（卷43上，页4a）提到琼州、儋州和振州等地产盐。

3 《宋史》卷183，页4936d。

译注：《宋史》卷183："琼、崖诸州，其地荒阻，卖盐不售，类抑配衙前。前后官此者，或擅增盐数，煎盐户力不给，有破产者。"可见，煎盐户破产的原因不是官吏禁止兜售。

4 莫古礼《海南岛札记》，页69；李承三《广东海南岛北部地质和矿产资源的初步调查》，页71。

5 芬次尔《海南岛：基于旅行观察与现有文献的速写》，页168—170。

怪的相反相成，让到访者且惊且喜：松树与椰子树比肩并列，人们熟知的喜鹊在椰子树叶中筑巢。[1]有些南方果树，如毛荔枝、山竹果和橄榄（橄榄属），在对岸的大陆早已有人工种植，或已部分驯化，但在海南却仍然是野生的。[2]因此，研究海南岛独特的植被及其特殊遗存，对于重构那片曾经从福建延伸到越南，然而毁灭已久的原始季雨林，是十分重要的。[3]

海南全岛的植物群并非都是一样的。当旅人攀登中央山脉时，椰树、槟榔、竹子会逐渐消失，代之以栗树和鱼尾棕，而在巨大的树林茂密的树枝之下，越来越多的兰花弯垂着。[4]植被随海拔而变化，再加上纬度的因素，变得愈加复杂。蜿蜒南下的山脉阻断了哺育海南南部季雨林的很多带雨的风，海岛北部就有了热带干旱草原的所有特征。对华人移民来说，这里是他们最熟悉，也最能接受的居住地。[5]另外，这里还有些多变的特殊环境，比如，山坡被种植旱稻的农民焚林而耕之后，又长满了无用的灌木丛，而昔日顶极林中最具特色的美丽阔叶树却没有了影踪。[6]

1　郇和《记海南的一次考察》，页53。
2　芬次尔《海南岛：基于旅行观察与现有文献的速写》，页137。
3　芬次尔《海南岛：基于旅行观察与现有文献的速写》，页156。
4　萨维纳《海南岛志》，"河内地理学会丛书"，第17期（河内：1929），页35。
5　芬次尔《海南岛：基于旅行观察与现有文献的速写》，页135。
6　莫古礼《岭南大学第五次海南岛考察》，《岭南科学杂志》，卷13（1934），页169。

不过，这里无须对海南植物群带做精细的划分，更有趣的是植物群的组成部分，只要取样描述就足够了。我们注意到，这里有充裕的植物类属，常见而能吸引人的就有柑橘属、决明属、樟属、金合欢属、木兰属和榕属，还有些高大的林木，如苹婆属、柯属和罗汉松属。这里有很多种的棕榈科植物，包括椰子树、槟榔、鱼尾葵、桄榔和大量蒲葵树，还有远东栗树（锥属），柿树的近缘属（柿属），叶子散发甜味的蒲桃（番樱桃属）[1]，能生芳香树脂的树（安息香属）。另外，这里还有很多优质的草本植物（特别是须芒草属），如胡椒、蔓生植物、藤（尤其是钱线莲属和省藤属）。不过，除了这些相当常见的外来植物之外，这里还有大量奇花异木，没有相对应的英文名字，令人感到扑朔迷离。[2]

事实上，对每个来到这里的采集者来说，海南就是一座宝库，是蕴藏各种稀有生物标本的博物馆。例如，我们注意到，有两种美丽的杜鹃，是汉思博士（H. F. Hance）用其发现者香便文及其妻子的名字命名的，那就是弯蒴杜鹃（*Rhododendron Henryi*）和岭

1　译注：蒲桃现为蒲桃属。

2　香便文《岭南纪行》，伦敦：1886，页332；高鲁甫等《莫古礼采集的海南植物一览》，《岭南农事半周刊》，卷1（第2期）、卷2（第1、2期）、卷3（第1期）；芬次尔《海南岛：基于旅行观察与现有文献的速写》，页168—170，172—173；庄延龄（E. H. Parker）、福特（C. Ford）《海南的植物》，《中国评论》，卷20（1893），页167；陈嵘《中国树木分类学》，上海：1957。

南杜鹃（*Rhododendron Mariae*）。[1]香便文还在海南河道里发现了一种新的栎属植物，长有芳香的花朵，故美其名为水仙栎（*Quercus naiadarum*）。[2]莫古礼（F. A. McClure）曾经是采集海南岛植物成果最丰硕的人。在20世纪20年代的探险中，他至少获得了100个新品种，其中包括一些具有商业价值的植物，如能产大风子油（海南大风子）和上乘无花果（粗叶榕）的新树种，还有新的露兜树属植物、藤竹、几种姜科新植物，此处还有很多。[3]莫古礼同样获得以自己名字命名植物的荣誉，最著名的是琼岛柿（*Diospyros maclurei*）。[4]

中古时期的中国人，对自然之美敏感的话，一定会为他们眼睛所看到的植物世界而目眩神摇。那时的海南，一定遍布着各种热带花卉、蕨类植物和果树，比今天更加繁茂丰富；到处都是白色的栀子花、红色的秋海棠、黄色的槿花，争鲜斗艳；还有白紫色的茉莉、粉色的山茶、黄色的假鹰爪属植物以及带有丁香和康乃馨气味的马钱属植物，散发出不同的气味。罕见的兰科植物，

1　香便文《岭南纪行》，页123。

2　香便文《岭南纪行》，页475。

译注：查考《中国植物志》，此种植物名字后来改为水仙柯［Lithocarpus naiadarum（Hance）Chun］，即由栎属改为柯属。

3　莫古礼《一个海南岛植物采集者的些许观察》，《俄亥俄科学杂志》，卷25（1925），页118。

4　芬次尔《海南岛：基于旅行观察与现有文献的速写》，页168—170。

译注：海南大风子学名已由*Taractogenos hainanensi*改为*Hydnocarpus hainanensis*，粗叶榕学名已由*Ficus palmatilob*改为*Ficus hirta Vahl*。

如红褐色和绿色的沼兰属、淡紫色和橙红色的石斛属，就像宝石一样在幽谷之中熠熠生辉。[1]不幸的是，中古早期来到海南的中原人，很少会关心这里的花朵；或者说，他们没有足够的知识和文化，将自己对于花朵的印象记录下来。然而，宋末有一本方志，记载了一种红色花瓣的"铁树花"，这种藤本植物的叶子，能够预测暴风的到来；还记载有一种菖蒲，生长在岩石错落的溪涧激流以及佛道寺观的池塘岸边。到了10世纪的南汉王朝，这种菖蒲备受当地人爱赏。[2]然而，一个典型的诗人，如果他住在遥远的北方，待在自己的安乐窝里，那里气候较为凉爽，开发程度较高，他对海南的这些事物肯定茫然无知。他们自囿于一些流行已久的谣传和陈词滥调之中。贾岛的朋友、9世纪的无可上人，就是这样一位诗人。他写诗送给赴任海南军政府长官的友人时，是这样描述琼州的：

猿鹤同枝宿，
兰蕉夹道生。[3]

1　高鲁甫等《莫古礼采集的海南植物一览》；克拉克《海南大髻黎：海南岛内陆头缠大髻的原始部落》,《国家地理杂志》, 1938 年 9 月，页 406；庄延龄、福特《海南的植物》,《中国评论》, 卷 20（1893）, 页 167；赫胥黎《世界上的海洋和海岛的百科全书》, 纽约：1962, 页 152；拙著《朱雀》, 页 404—405。
2　《舆地纪胜》卷 124, 页 8a—8b、9b。
3　无可《送李使君赴琼州兼五州招讨使》,《全唐诗》卷 814。

这是一派安逸恬适的景象，他把传统意象（鹤和兰）与南方本土色彩浓厚的意象（猿与蕉）结合起来，但也只是古代关于极南之地的刻板写法而已，少有新意。另外，唐代和宋初的诗人大部分都无法弄清荒野之地琼州的植物与对岸大陆的区别，而且将琼州和大陆混在一起描述，使用几个老生常谈的例子，如"酒树"、西米饭或红豆蔻等。[1]

8世纪的鉴真和尚是个例外。749年，这位令人敬佩的旅行者乘船来到海南南岸的振州，受到当地官员冯崇债的隆重礼遇，冯氏大概出身于本地势力最大的冯氏家族。鉴真在800余名士兵的护送之下来到万安州，在这里像王者一样享受着冯若芳的供养。冯若芳是一个大海盗，靠劫掠波斯船自肥，还有整村的奴隶侍候着。[2]高僧继续北上崖州，在这里，他记下了最令他难忘的当地植物的名称。它们是微苦的小豆蔻[3]、槟榔、荔枝、龙眼、甘蕉[4]、枸橼、搂头[5]和波罗捺。[6]这份清单是中古中国人热衷罗列的

1　拙著《朱雀》，页337。
2　例子参看拙著《朱雀》，页362。
3　参见拙著《撒马尔罕的金桃》，页457—459。
4　参看拙著《朱雀》，页373—375。
5　参见拙著《撒马尔罕的金桃》，页412及其下。
6　这个文本还有一些未解决的问题。"搂头"紧接"枸橼"之下，指的是一种甘甜的水果，具体不详。而"波罗捺"（palanat）显然是梵文波罗蜜（pānasa）的同源词，但两者关系的性质及其程度仍然是个谜。

经济植物清单的典型，这些植物大部分可以作为美食，或者散发芳香。即使圣僧欣赏海南稀有而可爱的兰花和秋海棠植物，甚或注意到它们，他也并没有把这些印象付之笔墨。

不妨以鉴真为榜样，来看看中古时期海南的有用植物。中国人早就熟知竹子，竹子在日常生活中有各种用途。然而，海南竹子有一些奇异的品种。一种是长节巨竹，生长在海岛内陆河流的源头。[1]另一种是可食用的"平头笋"，短小而味道鲜美。不幸的是，对于美食家来说，它太罕见了。[2]另外，藤本植物早就广为人知，在南方诸省已被开发利用多年。海南同样盛产此物。海岛最南端的振州出产一种五色藤盘，极其迷人，所以成为上贡朝廷的贡品。[3]海南岛还以出产几种容量很大的葫芦（儋崖瓠）著称。[4]此外，还可以找到一种灯心草，只要渍之以油，就可以用来代替蜡烛。[5]宋代从这里输出到浙江的"琼枝"（这个名称既可以指仙家宝树之枝，也同样可以指"琼州来的树枝"），也许就是乌桕树（*Sapium sebiferum*）枝，至今当地仍称之为"琼枝"。[6]若果真如

1　《舆地纪胜》卷124，页9b。

2　拙著《朱雀》，页359。

3　《新唐书》卷43上，页4a。海南的"白藤"是珍贵的，其他品种也一样。

4　《酉阳杂俎》卷10，页21；拙著《朱雀》，页387。

5　《舆地纪胜》卷124，页9b。

6　《舆地纪胜》卷124，页7b；陈嵘《中国树木分类学》，页612。

此，它们的用途很可能也是类似的。

最后，海南的森林中生长着大量高大而昂贵的硬木，足以满足北方城市贵族制作家具的需求。其中有一种黑红色的黄檀木（花梨，*Dalbergia benthami*）[1]，是著名的黄檀属植物如紫黑黄檀、巴西粉色郁金香木、印度金色条纹黄檀、美洲热带条状紫罗兰木（这是欧洲木匠的最爱）的近亲。在唐代，这些漂亮的红木中至少有一些是从海南和安南地区运来的，[2]但其输出范围有多广，则不得而知。另外，我们也完全不知道中古中国人砍伐的是光滑而微红的香榕（*Azadirachta indica*）[3]，还是亮红色的荔枝木。这两种都是海南本地所产。

很难说苏木（或巴西苏木，此名在旧欧洲饰面薄板使用史上更广为人知）应该界定为橱柜木，还是染料木。两种用途它都有；更重要的是，拥有苏木就是财富的体现。苏木的亮橘色心材是从偏远的黎洞运到沿海地区的。[4]

比海南彩木还要珍贵的是香木和松香脂，它们在寺庙、皇

1　莫古礼《岭南大学第六、第七次海南岛之考察》，《岭南科学杂志》，卷13（1934），页586—587。

2　拙著《撒马尔罕的金桃》，页344—345；《朱雀》，页345。

3　莫古礼《岭南大学第六、第七次海南岛之考察》，页586—587。今天，海南柿（Diospyros hainanensis）亮黑的木头大多用来制作棺材和烟斗柄，很可能以前也是如此。

4　《太平寰宇记》卷169，页9b—10a、13a。

宫、豪门贵宅中被大量焚烧。海南岛在古代就以出产香料闻名，这一声誉在汉代以后不久的一部文献中就已经确立了：

> 香州在朱崖郡，州中出诸异香，往往不知名焉。千年松香闻于十里，亦谓之十里香。[1]

我并不知道这种芬芳的松木是否真的出产于海南，但是必须记住，先唐文献并不是总能清楚地区分松脂与乳香、没药之类的外来香料。例如，我们究竟怎样确认中文称为"波斯松脂"的那个东西呢？[2]

无论怎样，海南最令人心醉神迷的香料还是沉香，或者称伽罗木（*Aquilaria agallocha*，或与之关系紧密的品种）。这是森林中一种病变的树脂心材。中国人称之为"沉香"，是因为其木材质上乘，密度比水大。[3]宋代初期向全岛广泛征集，但只有在"深洞"亦即最难接近的黎人聚居地，才能获得沉香。这种珍奇之物，在市场上按照不同形状待价而沽，一块一块的，有的形如

1　《述异记》卷下，页6a。

2　O. W. 沃尔特斯（O. W. Wolters）《波斯松树》，《亚非学院院刊》，卷23（1960），页326及其下。

3　拙著《朱雀》，页396—397。

蚕茧，有的形如茅竹叶，有的形似附子，还有的形如芝菌。[1]芳香最为浓郁的一种，其价与同样分量的银相等，以东南部的万安军所出最为有名。[2]宋代有一文献解释了此地沉香特优的原因：万安军在海岛的东部山坡，能够直接接受朝阳之气，因此，沉香木浸润在这种充沛的阳气之中，香气清淑，闻起来就像莲花、梅英、蜜脾。[3]

苏轼非常欣赏海南的伽罗木，曾在他弟弟子由生日时，送了一大块精美的沉香（形似一座缩微神山）给他。他将其写成珠崖无与伦比的特产之一：

> 既金坚而玉润，
>
> 亦鹤骨而龙筋。[4]

与此相比，早就闻名中国的占城沉香，只适合熏蚊子而已。

1　《太平寰宇记》卷169，页9b—10a；《岭外代答》卷7，页71；《桂海虞衡志》，页7b—8a；夏德、柔克义《诸蕃志译注》，页176。
译注：《岭外代答》卷7："海南黎母山峒中，亦名土沉香，少大块，有如茧栗角，如附子，如芝菌，如茅竹叶者，皆佳。"
2　《舆地纪胜》卷124，页7a。
3　《桂海虞衡志》，页7b—8a。
4　苏轼《沉香山子赋》，《苏东坡集》，第8册，卷8，页4。这篇赋有李高洁的翻译（《苏东坡赋》，上海：1935），我翻译的这一段见其书页178。

在另一首诗中，苏轼讽刺了当地长官的贪得无厌以及奢侈挥霍，通过他们肆无忌惮地焚烧昂贵的沉香和甲壳的画面，来表现他们对海岛物质的糟蹋浪费。[1]苏轼特别提到两个官吏的名字：朱初平和刘谊。这两人比苏轼早来海南将近20年。[2]其中后者就是那本有关海南的著作《平黎记》的作者，尽管作者声名狼藉，这本书还是很有价值的。

现代中国人仍然很珍视海南的沉香，就如山中黎族的残存者仍把沉香当成君药，用来辟邪一样。[3]

另一种海岛所产的香料叫"笺香"，"如猬皮、渔蓑之状"（毛多有刺的样子？）。它似乎也是伽罗木的一种，[4]在唐代，这种树的树皮亦用来制成有斑点的灰白色香皮纸。[5]事实上，海南仍然用沉香属植物造纸。[6]像沉香一样，它的价值远在进口香料之上："广东舶上……（引进）等香当在海南笺香之下。"[7]

1　苏轼《和拟古》九首其六，《苏东坡集》，第10册，卷3，页107。
译注：诗曰："沉香作庭燎，甲煎粉相和。岂若炷微火，萦烟袅清歌。贪人无饥饱，胡椒亦求多。朱、刘两狂子，陨坠如风荷。本欲竭泽渔，奈此明年何？"苏轼自注："朱初平、刘谊欲冠带黎人，以取水沉耳。"
2　《苏文忠公诗合注》卷42，页9b—11a。
3　香便文《岭南纪行》，伦敦：1886，页451。关于木料采集及其相关习俗，参看页387。
4　有可能是土沉香（Aquilaria sinensis），据说品种独特。
5　《桂海虞衡志》，页9a；拙著《朱雀》，页396—397以及页397注释4。
6　高鲁甫等《莫古礼采集的海南植物一览》，《岭南农事半周刊》，卷2，第2期（1925），页118。
7　《岭外代答》卷7，页72。

珠崖还有另一种很可能是伽罗木品类的香料，在市场上名为"鹧鸪斑香"，"色褐黑而有白斑点，如鹧鸪臆上毛，气尤清婉"。[1]看起来，它与仙境之香"蓬莱香"很相似。不过，我们有更好的理由在未来进一步讲述这种奇妙的香料。

最后，海南还有一种从橄榄树（*Canarium copaliferum*）提取的柯巴脂和榄香脂，中文写作"詹糖香"。"詹"显然与越南语中的 *tram*（kanari）同源。"糖"则指其颗粒状的外表。它应该很适合与其他香料合用，也可以用来治疗疖疮。儋州是其主要产地。[2]

与大多数自然产品一样，这些木产品在中国人生活中所发挥的作用，有某种模糊性，或者普遍性。它们同时可作香料、药物、装饰品。如红豆子，或称念珠豌豆（这个名字中国人尚不熟悉，他们把这种红藤浆果称作"相思子"），它们不但可以增强香气，特别是与樟脑混用时香味更浓，而且也是爱情的象征和信物。[3]

Galangal（*Alpinia officinarum*），中国人称为"高良姜"，也是一种多功能的植物，既是美味的调料，也是提神的药品。它最有价值的部分是根茎，富含精华。其红色的种子，有时称作"红

---

1 《桂海虞衡志》，页8b；《岭外代答》卷7，页72。
2 《新唐书》卷43上，页4a；《太平寰宇记》卷169，页19b；《重修政和经史证类备用本草》卷12，页309；拙著《撒马尔罕的金桃》，页412—413；《朱雀》，页397—398。
3 拙著《朱雀》，页339—340。

豆蔻"，芬芳馥郁，受人珍重。[1]海南到处可见这种植物。

简言之，食物和药物是不能截然分开的，因为所有可食之物对身体都有某种效用，或好或坏。海南的可食用植物，有所记录的大多是水果，而且其丰富程度可与大陆媲美，甚至比大陆更为丰富。12世纪有学者曾总结道：

> 世传南果有以子名者，百二十。半是山野间草木实。猿狙之所甘，人强名以为果，故余不能尽识，录其识且可食者五十五种。[2]

现代有个科学家，观察到海南柿（*Diospyros Hainanensis*）这种野生柿子只有猴子和黎人食用的现象之后，也曾表达过上述感受。[3]

在众多被提及的海南热带水果中，最有名的还是那些有果汁可以饮用的。而它们在这一方面的名声，还导致了大陆的误解。8世纪的作家和藏书家段成式写道：

---

1 《新唐书》卷43上，页4b；《太平寰宇记》卷169，页9b；《宋史》卷90，页4713d；邹和《记海南的一次考察》，卷7（1872），页78—79；拙著《朱雀》，页392。
2 《桂海虞衡志》，页21b—22a。
3 高鲁甫等《莫古礼采集的海南植物一览》，《岭南农事半周刊》，卷2，第2期（1925），页126。

珠崖一州，其地无泉，民不作井，皆仰树汁为用。[1]

说海南没有泉水，这近乎是个笑话，但是这里的植物世界，的确有助于人们解渴。岛上有"含水藤"[2]；有"酒树"，酒树花可以酿造出美妙醉人的饮料；[3]有枝干细长、叶子如凤尾的棕榈科植物，亦即椰树，椰汁不管是新鲜的，还是发酵过的，都可以饮用。[4]

今天，椰树最多的地方是在海南东北部的文昌，或许从古至今都是如此。苏轼曾在文昌度过他短暂的贬谪岁月。[5]不过，中古时代的人却认为，质量好的椰树是在南海岸地区。[6]据古老的传说，椰树是一个伟大国王的脑袋变成的，因此适合当贵族的饮器，可口的椰酒也适合贵族饮用。[7]椰子人头的主题是这么鲜明，这么自然，这么古老，至今仍然在海南黎人中流传。这个神话的

1　《酉阳杂俎》卷4，页36。
2　拙著《朱雀》，页357。
3　《太平寰宇记》卷169，页14a；拙著《朱雀》，页354。
4　《舆地纪胜》卷124，页7a。
5　郇和《记海南的一次考察》，页66。
6　《舆地纪胜》卷124，页7a。
译注：《舆地纪胜》卷124："吉阳所产为上。"
7　拙著《朱雀》，页348—349。
译注：《南方草木状》卷下："昔林邑王与越王有故怨，遣侠客刺得其首，悬之于树，俄化为椰子。林邑王愤之，命剖以为饮器，南人至今效之。当刺时，越王大醉，故其浆犹如酒云。"

现代版也太有趣了，不能避而不谈，但我不能保证它是古老的：

> 他们收到了这个仁爱的女祖先（即黎母）的礼物——椰
> 子，准备从他们极为赞赏的新鲜椰果中提取醉人的汁液。他
> 们是这样解释椰汁致醉的原因。很早的时候，两个敌对的部
> 落交战。获胜者不仅击败了对手，而且还捉了大量俘虏。按
> 照习俗，他们必须先用米酒灌醉俘虏，然后行刑。俘虏的头
> 被砍了下来，又被极其野蛮而不可理喻地种在地里。看！一
> 片椰子树长了出来，最后结出来的果实就像这些俘虏的人头。
> 多么奇妙的关联啊！椰子一砸开，里面满是甘美的果汁。他
> 们一边尽情享用着，一边把大量椰汁用罐子储存起来。几天
> 过后，他们发现里面有了突出的变化，不再是清淡微甜的椰
> 乳，而是美酒，只要尝一口，就足以令他们兴奋不已。[1]

海南广受好评的棕榈科树的果实要属槟榔（areca），有时又
被称作槟榔子（betel-nut），在整个印度支那湿热的沿海地区也
是广受好评的。槟榔是轻度兴奋剂、食材、药物，[2]唐宋两代均要

1　桑达尔-伍德（Sandal-Wood）《黎地写实》，《中国评论》，卷19（1892），页388。
2　拙著《朱雀》，页351。

求向朝廷进贡。[1]尽管嚼食槟榔在岭南地区非常普遍，但是，这个人口不多的地区对槟榔的需求量很难解释以下事实：12世纪海南征收贩卖槟榔的税额大约占了当地政府总税收的一半，为维持岭南政府的运转做出极大贡献。据称，海南的槟榔产量远远超过大陆的岭南和福建地区，所谓"非槟榔之利，不能为此一州也"。[2]对于这种经济怪相，最简单的解释就是许多北方富人开始像毒品一样依赖槟榔，或许这就是一种伪装成药品的兴奋剂，一剂可口的灵丹妙药。

南越地区是我们的酸橙（塞维利亚橙）、夏橙（瓦伦西亚橙）、脐橙以及诸如金橘之类其他极好的柑橘类水果的原产地。[3]在中古早期的海南，柑橘的人工种植不及大陆地区普遍，但是，这里的野生柑橘则要好得多。比如长在昌化县石神侧边的橘柑甘香之果。[4]苏轼本人也赞美过海南的野生橘子：

海南无嘉植，

野果名黄子。[5]

1　同上；《宋史》卷90，页4713d。
2　《舆地纪胜》卷124，页6a—6b；《岭外代答》卷8，页84。
3　拙著《朱雀》，页368—373。
4　《太平寰宇记》卷169，页10b。有关这个自然意象更详细的论述，请参见本书末章。
5　苏轼《以黄子木拄杖为子由生日之寿》，《苏文忠公诗合注》卷42，页2a。

"嘉植"可以理解成"吉利的植物"或"天赐的植物"，简言之，就是人工种植的植物。

　　荔枝的故事也很相似。这些珍珠似的水果，最美味的品种生长在广东西海岸地区。直到9世纪，当这种外壳深红色的水果成熟时，广州人仍将其当作节日来庆贺。[1]很多年以后，苏轼也写到他如何学会欣赏荔枝成熟的壮观景象。[2]晚宋时人们认为，尽管海南荔枝可与当时享有很高评价的福建荔枝一较高低，但是它们仍然比不过泉州地区的最佳品种。[3]

　　海南岛也以拥有优质的波罗蜜（Pāramitā fruit）而著名，我们称之为木波罗[4]，它与面包树同科，植株很大，而且散发着芳香。中古时期，它就移植到广州及周边地区，最有名的是种于唐代声威赫赫的南海神庙周围的。不过，海南的木波罗仍是野

1　拙著《朱雀》，页379—383。
译注：《清异录》："刘铱每年设红云宴，正红荔枝熟时。"
2　这首诗写于海南，讲的是苏轼因仰慕一株著名荔枝树的果实，而造访了参军的果园。苏轼《儋州》其二，《苏东坡集》，第10册，卷2，页47。
译注：苏轼原诗："荔子几时熟，花头今已繁。探春先拣树，买夏欲论园。居士常携客，参军许叩门。明年更有味，怀抱带诸孙。"按：诗题又作《新年五首》其五，似乎不是写于海南的。
3　《岭外代答》卷8，页86。
译注：《岭外代答》卷8："海南荔子，可比闽中，不及兴化矣。"按：兴化军治今福建莆田，非泉州。
4　Artocarpus integra。

生的。[1]

海南还有一些吸引力不太大的食物，其中有西米，它是从一种叫"沙谷树"（米树）的棕榈科树木中提取的，[2]还有种子巨大的儋崖芥，[3]以及常见的薯蓣，其富含淀粉的块茎在海南是比稻米还要重要的主食。[4]

以上这些优良的植物，大多是大陆常见的。而山竹果和柠檬则是海南两种特有的水果。英语的"lemon"和中文的"黎檬"都被认为是源于某种中古印度土语中某个尚无确定形式的词语。它们是阿拉伯语 leimūn、马来语 limau（来自葡萄牙语 limão）的同源词。柠檬的拉丁语形式几乎与中文一样古老："另外，这里也有其他柑橘类果树被称为柠檬（limones）。很明显，这是进口的美味水果，是嫁接栽培而来的品种。"[5]到了 12 世纪，这种奇怪的外来植物在以出产柑橘类水果闻名的海南，已经广泛种植。不过，人们已弄清柠檬的原产地在外国，并对它的酸味有所评价。这时，柠檬变成了可以接受的食物。它的果汁可用来给羹汤调

1　拙著《朱雀》，页396;《舆地纪胜》卷124，页10b。
2　刺葵（Phoenix hanceana）。拙著《朱雀》，页353。
3　《酉阳杂俎》卷10，页251；拙著《朱雀》，页387。
4　薯蓣属。《舆地纪胜》（卷124，页6b）引苏轼的说法；拙著《朱雀》，页365—367。
5　雅可比（Jacobi de Vitriaco）Hist. Iherosolym（约1200年），转引自玉尔、伯内尔《英印语日常用语词典》，伦敦：1866，页513—514。

味，果实在蜜煎盐渍曝干之后，还可整个嚼食。[1]苏轼似乎是第一个注意到这种水果的中国人，尽管他只是短暂而半开玩笑地提及它而已。他有一位海南本地的朋友黎錞，绰号叫"黎檬子"，很可能是原住民。苏轼曾讲过有一个朋友在市场中听到小贩吆喝"黎檬子"（水果）时，是如何被逗乐的。[2]

倒捻子也以世界上最美味的水果之一而闻名。

> 来自遥远金苹果园的果树结实了，
>
> 金颊的山竹果，给诸神提供了珍馐佳肴、琼浆玉液，
>
> 远胜过印度最美味的水果。[3]

苏轼同样知道这种水果，并把这种树称之为"海漆"，大概是因为它像中国本土的漆树。[4]但是，与柠檬不同的是，中国人

---

1 《元和郡县志》，页24；《岭外代答》卷8，页88—89；罗佛《中国及其他地方的柠檬》，《美国东方学会会刊》，卷54（1934），页145—147；玉尔、伯内尔《英印语日常用语词典》，伦敦：1866，页513—514。

2 《东坡志林》卷1，页5b—6a。
译注：《东坡志林》卷1："吾故人黎錞，字希声，治《春秋》，有家法。欧阳文忠公喜之，然为人质木迟缓。刘贡父戏之为'黎檬子'，以谓指其德，不知果木中真有是也。一日联骑出闹市，人有唱是果鬻之者，大笑，几落马。今吾谪居海南，所居有此霜实，累累然。"

3 雅各布·本迪斯（Jacob Bontius），1631年，转引自玉尔、伯内尔《英印语日常用语词典》，伦敦：1866，页577。

4 可从《舆地纪胜》（卷124，页7b）得知。

知道倒捻子已有几百年。据我所知，最早提及这种美味珍果的文献是唐初杜宝的《大业拾遗录》。据此书记载，早在7世纪，隋炀帝就在其宏大的西苑种植了一百株这种热带果树，显然大获成功。[1]9世纪，它的紫花已经被南方女子用作口红，其软红而甘甜的果实受人称赞，被比拟为柿子。而且，它"甚暖腹，兼益肌肉"。[2]倒捻子与产出黄色颜料的藤黄是同属植物。[3]此属尚有很多品种，至少有两种生长在海南：一是有橙色花朵的品种，大陆也有；一是有紫色花朵的品种，生长于五指山脉的荒野中。[4]

海南的动物也很丰富。它有点儿像一个边远地区的博物馆兼保护所，保存着古代南越动物群落，其中很多物种在大陆已经灭绝。不过，灭绝也是晚近的事。海南绝不像澳大利亚，由于无法跨越的海域，造成与大陆漫长的隔绝，新生代（Cenozoic）晚期以后新的动物物种无由进入。我们这座海岛是非常靠近大陆的。就像日本以及中国的另一个海岛台湾岛一样，海南也是从东南亚分离出来的，这一过程时间短暂，而且是近期才完成的，这是华

---

1 陈藏器说，引自《本草纲目》(卷31，页15b)。
2 《岭表录异》卷中，页10。The mangosteen（山竹果）的中文名字是"倒捻子"或"都捻子"，表明其词源可能是tonep。
3 柏克希尔《马来半岛经济作物辞典》，伦敦：1935，页1046、1052。
4 陈嵘《中国树木分类学》，上海：1957，页846—847。

南沿海地壳不稳定造成的。[1]如果全岛的生物都能沿特定方向演化下去，那么，海南独特的动物群可以说是上古和中古时期岭南动物一个相当可信的样本。唐宋两代，海南茂密繁盛的热带草原和森林，一定布满了野生鸟兽。我们希望能够看到这些怪诞奇异或者笨拙粗鲁的动物，一一变形，出现在中古时期的道德说教之中，然而，不幸的是，中国古代文献几乎不曾如实地记录这里动物群的丰富性。下面所举也只不过能表明海南动物的数量丰富而已。

很多现存的文献记载，还保留着奇幻或者超自然的意味，这也表明记录者缺乏动物学知识。例如，据说儋州的毗邪（或称毗耶）山上有一种酷似黄蜂的昆虫。这种昆虫由于山神的驱使，不惜倒戈，向官军告发原住民蓄意谋反。这个山神的名字也叫作"毗邪"。[2]这个传说保存于12世纪的文献中，但可能保留的是更早时期的说法。唐代有一段记载比这个记载早了很多，讲的似乎已经是另一种无脊椎动物，尽管不那么可信：

1　参见华莱士《岛屿生命：海岛动植物区系的现象和起因，兼论地质气候问题的修正和解决方案》，伦敦：1911，页407。
2　《舆地纪胜》卷124，页8b，卷169，页10b。
译注：《舆地纪胜》卷124："毗耶山，在临高县北，有毗耶山神，每有黎人叛，则神驱蜂以御之，官军遂大破黎人。"

又珠崖人，每晴明，见海中远山罗列，皆如翠屏，而东西不定，悉蜈蚣也。虾须长四五十尺，此物不足怪也。[1]

这里把海平面闪烁的翠绿屏障，解释成是无数只像多足动物蜈蚣那样的海洋动物晃动的触须。他们自鸣得意地把这些若隐若现、模糊难认的怪物当成是真的，简直就如这些幽灵出现一样难以理解。

当然，载籍中的海南甲壳纲动物并不都是如此令人难以置信的。螃蟹就是一例。蟹是中古时期南越美食家的大爱。这些美食家喜欢吸吮水蟹壳内的咸汁下酒。他们还把某些蟹身上的黄膏加上适当调料，当成美味佳肴。有一种红蟹，脂膏调过味后，还可以配送可口的饼食。[2]另外，海南赤蟹，或许也与红蟹一样，以其色彩鲜艳的外壳而为人欣赏。此壳有斑点如豹，剖开可用作精美的酒器。[3]从中古时期到20世纪，最有名的海南螃蟹是"石蟹"。所有的文献材料都把这种著名的化石称为"蟹"，但是在未有更

---

1 《太平广记》（卷479，页1b）引《岭表异物志》。原文"岭表"显然系"岭南"之讹，《征引文献目录》中已做订正。
译注：薛爱华在本书《征引文献目录》中列有孟琯《岭南异物志》。
2 《岭表录异》卷下，页20。
译注：《岭表录异》卷下："水蟹螯壳内皆咸水，自有味。广人取之，淡煮，吸其咸汁下酒。"
3 《岭表录异》卷下，页20；《北户录》卷1，页10；拙著《朱雀》，页423。

多了解的情况下，我认为它们更可能是三叶虫，或者是其他某种古代的海洋生物。无论石蟹的真实身份是什么，长期以来，中国人把它当成一剂良药，需求已久。唐代时，人们捣碎石蟹敷治疽疮，药到病除。[1]宋代的博物学家推测，石蟹可能是由曾经活着的生物转化而来的，而且也对"石虾"的疗效疑惑不解。但是，同时代的另一些人则说，这些化石是"海沫所化"，也许此句应作"海味所化"。[2]今天，它们主要分布在海南南部沿海三亚回族村镇的周围，[3]不过，中古的文献并没有明确提到它们的产地。

珠崖的软体动物中，"珠母贝"理应受到最多关注。至少在3世纪，海南珍珠就已经引人注目，当时，此岛就以出产珍奇的"明月珠"而闻名。[4]此后，唐代诗人张籍对海南客在大陆逢人赠珠的慷慨行为，曾倍感欣喜。[5]宋初，海南采集的"真珠"，通常是供给京城贵族享用。[6]然而，即使我们无视"珠崖"的含义，

---

[1] 陈藏器说，引自《本草纲目》（卷45，页35b）。

[2] 这两种写法分别见《桂海虞衡志》（页19a）和《岭外代答》（卷7，页81）中。两字形近易讹，要在"沫"和"味"之间选择其一。

[3] 萨维纳《海南岛志》，"河内地理学会丛书"，第17期（河内：1929），页22；芬次尔《海南岛：基于旅行观察与现有文献的速写》，页122。

[4] 《吴地理志》，页9b。此书唐代尚存，参见《新唐书》卷58，页366d。更多发光的神奇珠宝，请参看拙著《撒马尔罕的金桃》，页580—584。

[5] 拙著《朱雀》，页322—323。

译注：张籍《送海南客归旧岛》："海上去应远，蛮家云岛孤。竹船来桂浦，山市卖鱼须。入国自献宝，逢人多赠珠。却归春洞口，斩象祭天吴。"

[6] 《太平寰宇记》卷169，13b。

海南产珠的名声，至少可以追溯到公元前2世纪，而且，这个声名到现代依然还保留着。海南岛官修方志讲述了汉代一个13岁的女子的故事，将其作为女德的突出榜样。当大陆关吏发现她们家的行李中夹带珍珠时，这个很有孝心的女孩误以为其母会因此被判重罪，主动把罪名揽到自己身上。这部文献称述此一事件，将其作为清代淑女道德教育的材料，与此同时，文中提到了海南"多珠"的事实。[1]

白壳而有紫点的紫贝，或许对我们不太重要，但在古代中国却有很高的价值。海南沿岸原住民采以为货。[2]贝子在古老的中国大陆不再充当交易媒介之后几百年，海南仍然用它做交易媒介。[3]10世纪以及11世纪初，宋朝朝廷仍然要求海南进贡紫贝。它们大概是用来装饰的，因为土贡清单中写作"紫贝叶"。[4]"叶"通常用来形容细薄扁平的东西，如小杯碟之类。这些贝壳贡品或许还可以剖开，用来制作小酒杯。

据我所知，南越温热沿海水域出产的那种可以食用的章鱼，

---

1 《琼州府志》卷37，页1a。
2 《岭表录异》卷下，页20。
3 拙著《朱雀》，页420。
4 《太平寰宇记》卷169，页13b—14a；《宋史》卷9，页4514b。参见《岭外代答》卷7，页77。

在海南并未受到特别关注，[1]但是苏轼曾提到当地的鱿鱼，或是墨鱼。这种滑溜溜的生物，可以"吐墨水以自蔽"，故被人称为"墨鱼"，或者"乌贼"。[2]

尽管海南岛过去有，现在仍然有大量的原始鱼类，但是，有关中古早期此岛鱼类的情况已经湮没无闻。这些原始鱼类就是那些淡水鱼，尤其是鲤科鱼。华莱士线（Wallace's Line）以西的东南亚其他地方，这类鱼也同样很多。在相对晚近的时期，当海岛还跟大陆连在一起的时候，这些鱼就已经顺着淡水河流游到海南。[3]不过，垂钓似乎没有引起这群不幸的贬谪者的兴趣。至于海鱼，他们确实注意到成群的"翼如胡蝉"的飞鱼。它们从海岛南岸出发，掠过蓝色的波浪。[4]但是他们的所见所感并没有记录下来。

他们同样无视海南那些奇妙的陆地爬行动物，这一点令人忧伤。飞蜥属动物与其他肤色艳丽的蜥蜴——有绿色的，有白斑点的——一道点缀着雾蒙蒙的热带森林。飞蜥并不是唯一能滑翔的动物。还有红蛇和白色条纹蛇。[5]然而，无论多么凶险，肯定会

1　参见《岭表录异》（卷下，页20）的描写。

2　《舆地纪胜》卷124，页7b。

3　李普利、时代生活丛书编辑合著《热带亚洲：陆地和野生动植物》，纽约：1964，页86。

4　拙著《朱雀》，页430。

5　郇和《海南爬行类和无尾两栖类动物的采集清单以及注解》，《伦敦动物学会1870年科学会议论文集》，页239—241。

有人冒险进入森林，肯定也会有人看到巨大的蟒蛇，它们在大陆的同属动物是很有价值的药材，很是贵重，肯定有人不会错过那种美丽的青色或金色的竹蛇。[1]海南最为显要的爬行动物，出现在苏轼的故事中，这一点也不让人惊讶。有一段12世纪的传说称，诗人苏轼在临近其海南住所的甘泉边欣喜地看到一只白龙，它的脊尾有如烂银。[2]文献记载中还提到岛上其他神奇的爬行动物，如993年万安州曾毕恭毕敬地向宋朝朝廷进贡了一只六眸龟。[3]这种珍禽瑞兽无疑是天赐祥瑞之征。

不过，中国人最为重视的，是那些生活在海中的爬行动物，它们大多数具有商业价值。绿龟的精华，是美食家的一道美味佳肴，北方的食用需求量很大。[4]但最珍贵的地方是从玳瑁身上剥下来的甲片，可用来装饰唐宋时期世家大族的身体和日用家具。海南南部、靠近振州的迎风海岸地区出产的玳瑁是公认最好的，的确不比印度进口的玳瑁逊色。[5]

1　拙著《朱雀》，页436—438。参见赫胥黎《世界上的海洋和海岛的百科全书》，纽约：1962，页152。现代的原住民用蟒蛇皮做鼓面，也用作琴膜。香便文《岭南纪行》，伦敦：1886，页487。

2　《舆地纪胜》卷124，页7a。

3　《宋史》卷5，页4505c。

4　《宋史》卷9，页4514b；拙著《朱雀》，页434。

5　《新唐书》卷43上，页3b；《宋史》卷9，页4514b；拙著《朱雀》，页433—434。

海南岛哺乳动物绝妙的生活，海南早期的探访者居然没有注意到，这一点也令人难以置信。苏轼的儿子苏过是个例外。他提到过一种在月黑之夜号叫的鼯鼠。[1]但是，大多数哺乳动物被人忽视，恐怕是因为大部分哺乳动物天生羞涩，通常有昼伏夜出的习惯。另一方面也是因为大部分中国人害怕在森林中走失：在森林中，他们面临的危险既来自潜伏伺机的原住民，也来自野兽。

然而，有文化的迁客依旧能够找到合适的词语，来评述海南的哺乳动物。说这个岛上没有老虎，那真是一句老套话了，虽然《汉书》已经说过海南"亡马与虎"[2]，但是，宋代的方志则云："今其地无虎，而马实繁。"[3]这个改变一定是非常近期的，发生在10或11世纪，因为9世纪的文献还说海南既不产骡也不产马。[4]然而，人们对海南更引人注目的本地动物，却几乎不着一字。我们指望他们看到獐鹿、眉杈鹿、水鹿等优良

1　苏过《冬夜怀诸兄弟》，《斜川集》卷1，页3b—4a。
译注：苏过诗中有关海南的诗句如下："我今处海南，日与渔樵伍。黄茅蔽涧谷，白雾昏庭宇。风高翔鸥枭，月黑号鼯鼠。舟居杂蛮疍，卉服半夷虏。下床但药饵，遣瘴烦樽俎。何须莺堕时，方念平生语。"
2　《汉书》卷28下，页0429d。
3　《舆地纪胜》卷124，页4b。
4　《岭表录异》卷中，页15。

品种，[1]或者看到海南与印度支那上热带或马来动物群落共有的其他一些奇特的动物——如黑长臂猿、白臀叶猴、[2]椰子猫、巨形松鼠以及品种多样而且特别的蝙蝠——之后，会发出惊呼，甚至表现出狂喜。海南与华南共有的动物，更少得到应有的关注，例如红颊獴、云豹、"邪恶"穿山甲（其鳞甲现在还被当地部落用来驱魔辟邪）。[3]即便是亚洲许多地区都有，中国也很常见的动物，如猕猴、鼬獾、水獭、野猪、豹猫、亚洲黑熊等，也几乎不被他们注意，全都被笼统地称作"猛兽"而已。中古文献中似乎也没有讲到长须鲸（Swinhoe's whale）这种最应引人注目的哺乳动物。[4]其发现者郇和对它有如下描述：

1　学名分别为 Muntiacus muntjak、Cervus eldi、Cervus unicolor。关于这些鹿种及其他哺乳动物，请参见郇和《记海南的一次考察》，页58；《海南似鹿动物研究》，《伦敦动物学会1869年科学会议论文集》，页652—660；香便文《岭南纪行》，伦敦：1886，页498及以后各页。另可见萨维纳《海南岛志》，"河内地理学会丛书"，第17期（河内：1929），页36；克拉克《海南大髻黎：海南岛内陆头缩大髻的原始部落》，《国家地理杂志》，1938年9月，页410；芬次尔《海南岛：基于旅行观察与现有文献的速写》，页177—180；泰特《东亚哺乳动物》，纽约：1947，页334—344。獐读为 kia（普通话 jing，中古音为 kyǎng）。这两种麂鹿在后来的文献中都被称作"麕"。郇和指出海南獐属于印度支那品种，与中国大陆的有区别。

2　学名分别为 Hylobates concolor、Pygathrix nemaea。参见拙著《朱雀》，页465—466、470。海南哺乳动物的分类，参见泰特《东亚哺乳动物》，纽约：1947，页26—27。

3　安东尼·赫胥黎《世界上的海洋和海岛的百科全书》，纽约：1962，页152。

4　学名 Balaenoptera swinhoii。
译注：现在学名改为 Balaenoptera physalus。

中国这种大型的须鲸通常会在海南周边和北部湾海域过
冬，而且还在这里产子。因为5月份我们可以看到长须鲸与
其幼崽出没在南澳海峡（靠近汕头港）中，并且继续在这附
近和台湾海峡徘徊。直到10月底开始吹东北季风了，它们才
又往西南边游去。[1]

尽管有这种疏忽（未来发现的文献资料可能会否定这个说
法），但如我们现在看到的，由于海南中古时期文献贫乏，"鲸"
字本身虽然无何特指，却在其中塑造了一个突出的形象。

海南过去是，现在仍然是热带鸟类的天堂。[2]无疑，它与印
度支那一些地方有个共同特点，即同样保存了大量鸟类生物的品
种。这些品种曾经大量分布在热带中国，现在在中国大陆却极为
罕见，甚至已经灭绝。今日观察海南的鸟类，犹如张九龄和韩愈
的时代之后观察广东的鸟类，很多已经看不到了。现在仍可看到
的还有斑点蛇雕，栖息在枫香树和无花果树中；有针尾雨燕，能

1　郇和《海南的哺乳动物》,《伦敦动物学会1870年科学会议论文集》,页231。有兴
趣了解海南哺乳动物的，可参看这篇文献的其他各处论述。鲸目动物及其他哺乳动
物，参看香便文《岭南纪行》,伦敦：1886，页498及以后各页。
2　郑作新《中国经济动物志——鸟类》（华盛顿：1964）没有列举海南特有的任何一
种鸟类，不过，这里却有独特的人种，如同这里的独特的哺乳动物一样，许多都是最
近才被发现的。

在南部离岸小岛的洞穴中筑建可食用的珍贵燕窝[1]；有翠绿、金黄、殷红的巨嘴鸟，在内陆森林的无花果树上羽毛闪耀；有太阳鸟和啄花鸟，本身就像星星和花朵一样；有果鸠，覆盖着金属的光泽；有赤红山椒鸟和黑卷尾鸟；有俗丽的长尾鹦鹉和翡翠鸟；有绿鹎和黄鹂鸽。还有其他各种各样的鸟类。[2]在现存的文学文献中，这些奇异鸟类都未被记载。白尾海雕的巢穴没能激起海南军政官员关注，异乎寻常的鸟类求偶场地和海雀对他们也没有吸引力。

有一个值得注意的例外，那就是蓝绿相间的翡翠鸟。在中国人眼中，它的羽毛有如珠宝一样，极受爱重。所以，无论是大陆还是海南，有关翡翠鸟及其羽毛的交易都非常兴盛。[3]这种贸易导致鸟类数量骤减。

> 南方多珍禽，非君子所问。又余以法禁采捕甚急，故不能多识。偶于人家见之，及有异闻者，录以备博物。[4]

1　郁和《记海南的一次考察》页68提到了海南南岸海中的大法（Tyfar音译）岛和大洲岛。然而，我并未找到证据表明这些燕窝在中古时期就被采集起来食用。
2　郁和《海南鸟类学》，各处；拙著《朱雀》，页494—495、497—498。
3　《桂海虞衡志》，页15b；拙著《朱雀》，页494—495、497—498。
4　《桂海虞衡志》，页14a。

这段12世纪的材料提到鸟类保护法令，或许就是特指禁止采捕翡翠鸟。这条禁令于1107年生效，而其时翡翠鸟似乎已经濒临灭绝，[1]文中指出其他珍禽也受到保护，它们或许也都因过度采捕而面临灭绝之危。这段文字的有趣还表现在，它直言无忌地指出：这些奇异的鸟类，古圣先贤所不知，经典载籍所不录，现代博雅君子们也无兴趣过问。

1　夏德、柔克义《诸蕃志译注》，1966年，页235。

第 三 章

原住民

来到普利茅斯的虔诚者，他们

抵达了，首先

跪拜礁石，接着就跪拜

原住民。

——威廉·麦斯威尔·埃瓦茨，引自亨利·沃特森

《路易斯维尔信使报》（1913年7月4日）

如果从一般历史的角度出发，在早期中国人眼里，珠崖就是一座神秘之岛，岛上的族群构成同样也是一个谜。即使现代的科学知识，也无法让我们重构关于海南史前人类生活的相当全面的图景。或许，某种人类曾在更新世跨过海峡来到海南，踏在干旱的大地之上，这就像现在又被称为直立人（*Homo erectus*）的

"爪哇猿人"（Java Ape man，以前称为 *Pithecanthropus*）和"梭罗人"（Solo Man），在那个遥远的世代里，就在爪哇岛陆地上踩出了一条小路，也像仅仅 4 万年前，智人（*Homo sapiens*）一路穿行到达婆罗洲一样。但是，即使海南有这些原始人类的同时代人，他的遗骨也尚未发现。一些较此时代晚得多的、处于石器时代的人类遗址已经被发掘研究。遗址中出土了大量有肩石斧，这也是新石器时代在中国最南部和越南广泛分布的"丛林文化"的代表性工具。[1]同样也发现了夹砂粗陶片，其年代显然相当于黄河流域周王国的初期。另外还有相当于汉代时期的几何印纹陶片。[2]在第一批华人勇敢地面对海峡、观察岛上原住民之前，岛上人类居住者的情况如何，这些材料并不能说明什么。[3]充其量我们只能推测，海南的文化与毗邻大陆的原住民文化非常相似。

正如我们前面已然看到的，中国古代文字记录所提供的海南情况，用几句话就可概括出来。本书的主要目的，就是重建汉人眼中的珠崖原住民形象，在宋代，这个问题逐渐成为汉人关注的

1　拙著《朱雀》，页 26—27。

2　莫稚《广东海南岛原始文化遗址》，《考古学报》，卷 2（1960），页 121、124—125、129。

3　邱茉莉《海南：觉醒的乐园》（页 39）认为，岛内居民是在新石器时代才从大陆过来的。然而，这肯定只是一个猜测，除非她指的是他们的文化曾经停留在新石器时代的水平，而不是一直这个水平。

核心点。在转入这一问题之前，有必要简单看一下现代海南的民族状况。

海南最纯正的原住民（假设他们真的很纯正，因为他们也可能将更早的定居者取而代之，就如凯尔特人取代了不列颠的宽口陶器人[1]一样），就是今天仍居住在海岛中心黎母山脉坡地上的那些原住民。这些原住民在普通话中被叫作"黎"（中古音 Lei），在其他语言中还有 Loi、Le、Lay、Moi 等各种称呼，甚至（有人断言）也叫 Dli、B'li、S'lay、M'lay。[2]现代法国的研究权威萨维纳称他们为 Dai。[3]不管叫什么名字，这些久居岛上的老住户都被分成很多"峒"，其中"白沙峒黎"被认为是最"纯正"的。[4]这些（据推测）古老的定居点，大部分是由黎母山巅的同族黎母派生出来的。[5]派生出来的部族还包括美孚黎、岐以及更加强壮和不断开化的侾（如某些观察者所称），他们一直分布到海南南

1　译注：宽口陶器人（the Beaker People）指的是公元前2000年左右，从荷兰和莱茵兰地区来到不列颠的定居者，以其墓穴中陪葬宽口陶制容器而得名。凯尔特人（Celts）则是公元前700年从东欧和中欧地区移居不列颠的种族，是苏格兰、爱尔兰、威尔士人的祖先。

2　香便文《岭南纪行》，页482；保罗·慕斯《评萨维纳〈海南岛志〉》，页440。香便文认为这个名称与马来（Malay）同源。

3　或许他选择这个是因为（如他所看到的）海南的汉人不加区别地用"Loi"来称呼这里的各种非黎族原住民。参见萨维纳《海南岛志》，页30。

4　戴闻达《评史图博〈海南岛黎族〉》，《通报》，卷35（1939），页405。

5　戴闻达《评史图博〈海南岛黎族〉》，《通报》，卷35（1939），页406。

岸。有人认为，他们移居海南的时间，晚于居住在黎母山脉更北坡的黎人，他们从海路来，直接登陆海南岛南部海岸，[1]而非绕道雷州半岛。虽然这一点确定无疑，但是他们很可能是在本书所叙述的时代之后才抵达海南的。

黎族的语言与东南亚的傣族是同一语系，但两者的亲缘程度尚不确定。一个比较合理的假说是黎语介于泰语和印尼语之间，而且在大陆也有一些遗存。[2]

有一支真正的傣族，通常称为"翁贝"（Ong-Be），住在海南西北海岸的临高地区；[3]还有一支蛮族移民，[4]与大陆的猺人同族系，定居在白沙峒黎下的山脊地带；[5]另有一小部分穆斯林居住在海南南岸的三亚，组成了独特的社区，其语言表明他们是古代占

1　郇和《海南的原住民》，页29—33（此书中有一些有关18世纪黎族的有趣材料，依据的是一部1751年的中文典籍）；史图博、梅里奇《海南岛黎族：对华南民族学的贡献》，页20—21；戴闻达《评史图博〈海南岛黎族〉》，《通报》，卷35（1939），页405。

2　白保罗（Paul. K. Benedict）《海南岛上的一个占婆聚居地》，《哈佛亚洲研究学报》，卷6（1941），页129；拙著《朱雀》，页20—22。

3　萨维纳《海南岛志》，页3；萨维纳《泰法词典，附法泰小词典及方言异同表》，《法国远东学院学报》，卷31（1931），页103；白保罗《海南岛上的一个占婆聚居地》，《哈佛亚洲研究学报》，卷6（1941），页129；

4　一些权威人士称之为"苗"。

5　萨维纳《海南岛志》，页36；史图博、梅里奇《海南岛的黎族：对华南民族学的贡献》，柏林：1937，页309；拙著《朱雀》，页20—22。

城（今天的越南）人的后裔。[1]海南岛大多数可以登陆的海岸线，都有福建人移居于此，当地人称其为"福佬（河洛人）"，是海南人数最多的族群。[2]这里也有少量越南人散布在海南南海岸；有古代北方来的汉人，据说是宋代移民的后裔，定居在崖州（旧振州）地区。客家人毗邻西北的临高和蛮族，也分布在东南丘陵地带，最后，还有广东的官员和其他士绅，以及沿海水上以船为家的疍家。[3]

现代海南的族群和语言分布地图，看起来要比11世纪末复杂得多，就算承认早期的材料相对稀少，也是如此。如果宋代的族群与语言分布图以范成大的分类为准，当时整个南越地区只能划分成六个群体：一是羁縻州邕州的侬氏和黄氏部落，他们是最开化和最有势力的原住民家族，很可能是说泰语的；二是融州的猺人，他们是神犬槃瓠的后裔；三是广西深山里的獠人（取狭义）；四是与獠极其相似的蛮人（取狭义）；五是黎人，尤其是分

1 史图博、梅里奇《海南岛的黎族：对华南民族学的贡献》，柏林：1937，页1、315—317；白保罗《海南岛上的一个占婆聚居地》《哈佛亚洲研究学报》，卷6（1941），页129；拙著《朱雀》，页149。

2 萨维纳《海南岛志》，页3；史图博、梅里奇《海南岛的黎族：对华南民族学的贡献》，柏林：1937，页1。这种闽语是香便文在《岭南纪行》（页334）所称的"纯正的……海南方言"。

3 萨维纳《海南岛志》，页4；史图博、梅里奇《海南岛的黎族：对华南民族学的贡献》，柏林：1937，页1。

布在海南的；六是疍人，他们以船为家，以捕鱼为生，能入海采珠。[1]有时候，"蛮"这个名称也可以通指以上各种人。

上述这六个族群中，中古早期最多只有三个生活在海南（当然岛上也有华人）：分别是黎人、疍人，也许还有猺人。[2]今天，这些民族在岛上仍能找到。由此可以推见，今天岛内居住的其他族群，其移居海南最早不会先于南宋时期。

海南原住民人口大部分是黎族，具体的人口数字我们一无所知。但是，中古时代的黎族绝不是只限于海南。唐代时，他们在中国的沿海地区，如广东西部、安南地区（今越南北部），早就扎稳根基了。无论是在大陆还是海南岛，他们都给唐朝政权制造了极大的麻烦，例如他们曾因苛捐杂税而在河内一带起兵反抗，并杀死了安南都护。[3]或许在抵达海南之前，森林密布的大陆季风海岸就是他们的家园。但是，他们的这段旅程是什么时候发生的，是很早的时候从陆地迁徙过来的，还是后来由

1　《桂海虞衡志》，页30a—33a。参见拙著《朱雀》论依氏（页102—105）、黄氏（页101—103）、羁縻州（页141—142）、猺人（页22—24）、槃瓠（页215—217）、獠人（页97—99）、蛮人（页13、99—100）、黎人（页107—108）、疍人（页106—107）部分。

2　我注意到，唐代注家司马贞曾用古族名"瓯"来特指海南人，见《史记》卷43，页0152a。或许他只是在仿古而已。对这个族名的讨论，请参见拙著《朱雀》，页30—31。

3　拙著《朱雀》，页126。

海路而登陆的，我们现在就说不清楚了。[1]另外，他们的族名"黎"，轻而易举地被转换成宗族名或者姓氏，所以文献中但凡出现黎族出身的著名人士，都被称为"黎某某"。其他少数民族也是如此，大陆洞蛮贵族黄氏就是很突出的例子。980年，"黎"这个古老的名字熠熠生辉。当时，风雨飘摇的唐代安南都护府的残余势力，终于被完全消除了。黎桓（Lê Hoàn，越南语）宣布越南独立，并改元天福（Thiên-phuc，越南语）。对各地的黎人来说，这显然是一座指引他们的崇高灯塔。[2]有一本写于12世纪初的中文书中讲到，海南四郡之人皆自称黎姓，但是，这些原住民的祖先实际上无法查明。然而，该书又说原住民中最常见的姓氏是王氏，这一点尚待解释。[3]另一部文献则说："黎人半能汉语。"[4]但是，这些说法很可能只适用于居住在平原低地和丘陵地带的部落。尽管如此，自唐代以降，黎族受到华人影响而移风易俗，其程度可谓显著。

黎族有自己的种族起源传说，但流传到今天的最早版本，没有早于宋代的：

1　拙著《朱雀》，页107—109。
2　张璜（Mathias Tchang）《欧亚纪元合表》，"汉学丛书"第24号，上海：1905，页347。
3　《桂海虞衡志》，页23b—33a。
4　《岭外代答》卷2，页19。

故老相传，雷摄一蛇卵在此山中，生一斐，号为黎母。食山果为粮，巢林木为居。岁久，因致交趾之蛮过海采香，因与之结婚。子孙众多，方开山种粮。[1]

"斐"字疑误。其他版本或作同音字"蜚"，即"蜚蠊"（蟑螂）、"飞虫"之意。在这段神话宋以后的版本中，此字被替换为"女"。[2]这个传说也有很多现代版记录。[3]其中一个云：

独一无二的黎母是黎族的神仙祖母，也是现在黎人奉祀的主要对象。家家户户的门后是用来祭祀她的，而不是如通常一样，用来放置扫把、锄头、钉耙或其他工具。[4]

今天，岛内也流传着始祖狗的英雄传说。除了是瑶族独特的起源神话之外，它显然也渗透到黎族中来，并与本地的黎母神话

---

1 《平黎记》，引自《舆地纪胜》卷124，页5b。相似的故事还见于苏轼《和拟古》其四注所引《名胜志》，见《苏文忠公诗合注》卷42，页8b，参看43页注释1对这部文献的讨论。

2 如《明一统志》。

3 这些传说可参见郇和《海南的原住民》（页28），梅辉立《海南岛的历史和数据梗概》（页6）。

4 桑达尔–伍德《黎地写实》，《中国评论》，卷19（1892），页388。

相结合。[1]

华人看待黎族的特性，肯定是与黎人自视不同的。10世纪有一部文献称原住民黎人"不知礼法，须以威服"，并说他们"杀行人，取齿牙贯之于项，以炫骁勇有力"。[2]其后，另一部宋代文献，据推测年代稍晚，则宣称黎人"其俗质野而畏法，不喜为盗"。[3]由此可见，这个较为温和的评价反映出华人在11世纪已经逐步平定或同化了丘陵地区的黎人村落。这一点从黎人姓氏的使用中也已经可以看出。

到了宋代，人们开始区分"生黎"和"熟黎"：

> 其服属州县者为熟黎，其居山洞无征徭者为生黎。[4]

这是通常的区分，不过，有一部12世纪的权威文献却做了大不相同的解读：

---

1 参见郁和《海南的原住民》，页28；萨维纳《海南岛志》，"河内地理学会丛书"，第17期（河内：1929），页24；保罗·慕斯《评萨维纳〈海南岛志〉》，页439；史图博、梅里奇《海南岛的黎族：对华南民族学的贡献》，柏林：1937，页136。

2 《太平寰宇记》卷169，页9b、13a。

3 《图经》，引自《舆地纪胜》（卷126，页2b）。

4 《宋史》卷495，页5729a—b。

生黎质直犷悍，不受欺触，本不为人患。熟黎多湖广、福建之奸民也，狡悍祸贼，外虽供赋于官，而阴结生黎以侵省地，邀掠行旅、居民。[1]

这个记载有趣的一点，就是直言不讳地指出，那些所谓"熟黎"，我们或许会认为他们就是那些生活在低地、部分归化中国的黎人，事实上，他们就是晚近的移民，而且可能多是长江以南省份的逃犯和乱民，换言之，这些"原住民"与海南黎族一样，也成功逃脱了中央政府的惩罚和军事占领。按这种看法——此种看法有强烈的官方意味——这群外来者致力于教唆海南本性质朴的原住民给海岛的政府官员制造麻烦，并为未来成功造反奠定基础。但是，这个势头，正如朝廷影响力扩展到沿海以外一样，主要发生在11世纪，这是宋朝势力在南方各省巩固的结果。

自汉人和黎人最早开始接触以来，汉人就称黎人定居在"洞"（峒）中，如同其他蛮族一样。"洞"通常是指深藏在石灰岩山的洞穴。最晚在宋初，其字意已经引申为"蛮獠杂居之溪洞"，而非字面上的"洞穴"意义。[2]《宋史》有一段称"时黎贼

---

1 《岭外代答》卷2，页19。
2 见《广韵》。

扰动……抵其洞穴"[1]，另外还有黎人"据峒穴"[2]之语。11世纪的文献还称汉人"鲜能入其巢穴"，并言如果汉人骚扰了他们，黎人就在河流上游投毒，而岛内的低地居民都依赖这条河流的淡水资源。[3]古代人常被黎人弄糊涂，遂有黎人树居鸟宿的印象，这其实指的是某些南方少数民族的吊脚楼，此一生活习俗也不只是限于黎族。[4]这种混淆不清的认识，在宋代一部舆地志中再次出现。书中称1000年前，汉代征服者马援试图向黎人推介使用陶瓦，他发现这些愚昧的野蛮人只取其中最为轻便者，因为只有这样他们才能缘木而上，以树为梯，把陶器带回悬崖边上的家园。[5]认为南方蛮族是穴居动物的看法之所以深入持久，很可能是因为它既反映了事实（中国的某些先民住在洞穴之中），也反映了一个古老的神话［原住民部落的祖先来自原始洞穴，这种洞穴正是"宇宙蛋"（cosmic eggs）的象征］。[6]这反过来也可以解释为什么

1　《宋史》卷257，页5192c。

2　《宋史》卷300，页5296a。

译注：此处所引《宋史》"据峒穴"者乃逾岭南通的湖南瑶人，似非黎人。

3　《孙公谈圃》卷下，页5b。

4　例如郭义恭《广志》（卷上，页2a）："珠崖人皆巢居。"

5　《图经》，引自《舆地纪胜》（卷126，页2b）。

6　拙著《朱雀》，页110—111。

译注：宇宙蛋即是孕育世界、人类的象征，所有东西都是从这里孵化出来的。在世界各个文明中都能找到其神话原型，如古印度、古希腊、古埃及、古代中国等等文明。现代科学亦认为宇宙最初的源头是一个奇点，这就是科学家所称的"宇宙蛋"。

会在"洞"字前面加上氏族或部落名称，作为表达族群身份的方式。比如，"黄洞"就是表示黄氏氏族的祖居领地。也可能这个词也意味着最早的黄氏祖先是来自某个特定的洞穴，就如其他蛮族部落一样。无论如何，今天仍然还使用"洞"作为划分黎族的下一级单位。[1]

关于黎人所建的房子，宋代文献告诉我们，黎人"居多茅竹"[2]，也就是说，他们的房子是茅檐竹壁的。这看起来似乎与今天黎人后代所建竹屋差别不大，这些竹屋茅檐低矮，几乎要碰到地面。[3]12世纪的文献又称黎人的居处皆栅屋。[4]大概这是一些用栅栏围起来的小村庄吧。

黎人并不是只会在森林捕猎觅食，而且也精于农业：

观禽兽之产，

识春秋之气，

1　史图博、梅里奇《海南岛的黎族：对华南民族学的贡献》，柏林：1937，涉及的各处。

2　《图经》（引自《舆地纪胜》卷126，页2b）并言绝少瓦屋。现代黎人以白茅（Imperata cylindrica）盖屋顶。莫古礼《一个海南岛植物采集者的些许观察》，《俄亥俄科学杂志》，卷25（1925），页117。

3　萨维纳《海南岛志》，"河内地理学会丛书"，第17期（河内：1929），页33；莫古礼《海南岛札记》，《岭南农事半周刊》，卷1，第1期（1922），页75。

4　《岭外代答》卷2，页19。

占薯芋之熟，

纪天文之岁。[1]

简言之，他们精通动物饲养、气象学、农业生产和天文学。唐代和尚鉴真曾言，海南稻田是农历十月（通常是阳历11月）播种，正月（通常是阳历2月）收成，还说这里一年可以收成两次。[2]不过尚不清楚鉴真指的是移民，还是海南原住民。[3]可以推断的是，庄稼既种于水田之中，也种在森林中的烧荒地上，这与今天并无差别。[4]

今天海南还以一些相当奇怪的家畜种类而闻名，特别是矮种马和白水牛。[5]但是，在中古早期，岛上的居民还给普通黄牛装

1　《太平寰宇记》卷169，页9b。"薯芋"一词，某些现代词典认为与"薯蓣"相同。这是错的。"薯芋"是一个复合词，是"薯蓣"和"芋"的简写。这在中古时期有许多实证。例如，"红薯与紫芋"。

2　高楠顺次郎译注《淡海真人元开〈鉴真东征传〉》，《法兰西远东学院学报》，卷29（1929），页47—62。

3　现代的黎人（至少有一部分）中，男人需要焚烧树林，在地里辛勤耕种，畜养水牛，还要捕猎打鱼。女人则要参加插秧，帮助收割，采集野生植物，做饭，纺织，养猪、鸡之类的家禽（史图博、梅里奇《海南岛的黎族：对华南民族学的贡献》，柏林：1937，页42）。很可能黎族一直以来的家庭分工就是如此。鉴真所说每年收蚕8次，明显只是指海南的汉人。参见高楠顺次郎译注《淡海真人元开〈鉴真东征传〉》，《法兰西远东学院学报》，卷29（1929），页47—62。

4　莫古礼《海南岛札记》，《岭南农事半周刊》，卷1，第1期（1922），页77。

5　郇和《记海南的一次考察》，卷7（1872），页59；郇和《海南的哺乳动物》，页237—238；克拉克《海南大髻黎：海南岛内陆头绾大髻的原始部落》，《国家地理杂志》，1938年9月，页4401。

上鞍勒，还教它们步骤和疾驰，就如其他地方驯马一样。[1]

黎人显然有大量的黄牛和其他家畜，而且不用担心牲畜被偷。"牛羊被野，无敢冒认。"[2]它们大概不被用作食物，而是用来运输和耕地。它们的奶汁可能在黎人的日常饮食中占有一席之地。今天，黎人在耕种稻田之前先在地里放养黄牛和水牛，然后用它们的粪便肥田。[3]

黎族女性最被看重的是她的烹调技艺。若能烹治一道可口的水蛇和黄鳝，她就能够获得一段美好的姻缘。[4]事实上，这些原住民主妇似乎都能为她们幸运的丈夫提供丰盛的菜肴，中国传统烹饪可能从中获得启发，逐步提升。苏轼的儿子苏过就曾写诗讨论过这个富有吸引力的主题：

椰酒醍醐白，

银皮琥珀红。

伧狞醉野獠，

1 《岭表录异》卷中，页15；拙著《撒马尔罕的金桃》，页203；拙著《朱雀》，页449—450。

2 《图经》，见《舆地纪胜》卷126，页2b。

3 莫古礼《海南岛札记》，《岭南农事半周刊》，卷1，第1期（1922），页77。尾高邦雄《海南岛黎族的经济组织》（纽黑文：1950，页29）指出，过去认为黎人仅仅用牛轻浅地翻一遍地的说法是错误的。其实他们也用犁。

4 拙著《朱雀》，页164—165。

绝倒共邻翁。

薯芋人人送，

困庖日日丰。

瘴收黎母谷，

露入菊花丛。

海蛋羞蚶蛤，

园奴馈韭菘。

槟榔代茗饮，

吉贝御霜风。[1]

对追求雅致的北方人来说，这里展示的食物是粗糙的：第一句写椰奶汁发酵成的酒；第二句写的是用一种热带树的银色树皮酿成的酒。薯芋是海南原住民的主食。苏轼把它们当成稻米歉收之年才用的替代品，这是通常的汉人思维。[2]海中各种奇异贝类丰富多样，园里常见绿叶也琳琅满目。没有茶，却有提神醒脑的槟榔。没有丝麻，却有棉花，这东西对汉人来说还有一点陌生。

1 苏过《己卯冬至儋人携具见饮既罢有怀惠许兄弟》，《斜川集》卷3，页2a—b。
2 苏轼《和劝农》，《苏东坡集》，第10册，卷3，页90。
译注：苏轼《和劝农六首》诗序云："海南多荒田，俗以贸香为业。所产粳稌，不足于食，乃以薯芋杂米作粥糜以取饱。予既哀之，乃和渊明《劝农》诗，以告其有知者。"

薯蓣捣成泥可以做麻饼。[1]将取自石灰岩或蛤蜊壳的石灰，撒在扶留藤叶上，嚼食槟榔就别有风味。[2]疍家所捕捞的软体动物，加上蝇蚋、草虫、蚯蚓等各种怪怪奇奇的食用肉，都是放在竹管里面炊熟的。（广州的番坊也吃这些美味。）本地食物用很多的糖、蜜、脑麝，制作那道吃起来美味、闻起来腥臭，无疑是经过发酵而来的鱼。这也使我们想到现代越南菜中的鱼露发酵制品。[3]

烹调和享用这些蛮人的美味，黎人是"以土为釜，器用瓠瓢"。[4]

她们也用棉花布、野麻（*Helicteres angustifolia*）和木棉织物制作优质的布。这些纤维植物的纺织品在中国文献中被统称为"布"。然而，黎族女性与汉人不同，她们并不养蚕。海南棉花之所指有时是明确的，许多品种色彩明丽，令中原地区的人垂涎欲滴。[5]但是，人们常常提到黎族女性把木棉（即我们所谓"丝绵"）织成红蓝织品，这种材料很可能是一年生的木棉，而非多年生的树棉。事实上，今天的黎族女性仍然用这种纤维来纺织，但它很

1 《北户录》卷2，页28。
2 《桂海虞衡志》，页12b。
3 朱彧《萍州可谈》，页13b；拙著《朱雀》，页428—429。
4 《郡国志》，引自《太平御览》卷172，页13b）。参看《宋史》卷495，页5729a—b。
5 称为吉贝。棉花8世纪就已经在南越种植了。拙著《朱雀》，页363。

难织成布，通常只是充当被褥和枕头的填充物而已。[1]黎族女性在当时也如现在一样，以穿五彩斑斓的披风裙子、戴橙色头巾而引人注目，这些都是由棉或麻织成的。男人似乎仅仅只穿一条短裤，或只围着纱笼布（sampot）。[2]黎人通过某种方式从中原获取锦缎，拆取其中色丝，以木棉穿插作为装饰，挑织成一张幕布。[3]黎人还能织树皮为布，[4]黎族主妇们用本地的树藤编织成精美的簟席和帘幕，尤其是用那种"野鹿藤"。最好的织品被涂成深红色，还装饰着五彩的动植物图案。[5]

说到个人的装饰品，生黎是凿齿[6]、椎髻[7]，头发上插着银

1　《太平寰宇记》卷169，页3a；《岭外代答》卷6，页66；《桂海虞衡志》，页13b；《琼州府志》卷5，页39b；莫古礼《岭南大学第六、第七次海南岛之考察》，页591；史图博、梅里奇《海南岛的黎族：对华南民族学的贡献》，柏林：1937，页130；柏克希尔《马来半岛经济作物辞典》，伦敦：1935，页345、501及其下。

2　《新唐书》卷43上，页4a；《太平寰宇记》卷169，页18b；《郡国志》，引自《太平御览》（卷172，页13b）；《宋史》卷45，页5729a—b；《图经》，见《舆地纪胜》卷126，页2b；《琼管志》，引自《舆地纪胜》（卷127，页3b）；《岭外代答》卷2，页9；史图博、梅里奇《海南岛的黎族：对华南民族学的贡献》，柏林：1937，页293；陈嵘《中国树木分类学》，上海：1957，页795—796。

3　《桂海虞衡志》，页13b。

4　《太平寰宇记》卷169，页9b、13a；《宋史》卷495，页5729a—b。

5　《北户录》卷3，页41、44；《岭表录异》，见《琼州府志》卷5，页22b（今本《岭表录异》无此文）；拙著《朱雀》，页355—359。

6　见高楠顺次郎译注《淡海真人元开〈鉴真东征传〉》，《法兰西远东学院学报》，卷29（1929）。

7　《桂海虞衡志》，页32b—33a；《岭外代答》卷2，页19。现代黎族的情况，参见史图博、梅里奇《海南岛的黎族：对华南民族学的贡献》，柏林：1937，页30—31。

铜锡钗[1]。黎族女性耳带银环，垂坠至肩。[2]或许就与她们今天耳带银链相似。[3]黎人跣足，在华人看来，这是未开化的首要标志。[4]

古代所有文献都记载黎女有美丽的文身。当女孩年方及笄，亲戚朋友就会过来喝酒道贺，祝贺她有了好看的文身。这种文身（称为"绣面"）是在脸颊和脖颈用蓝色刺上精美的花纹和飞蛾图案。刺青的精致程度是和女孩家庭的地位和财富成正比的，婢女们则完全没有文身的机会。[5]这个习俗一直留存到今天，但是，现代文身中的几何图案的含义早已被人遗忘。[6]他们当年所使用的蓝色颜料，很可能与今天一样，是从板蓝或马蓝

1　《太平寰宇记》卷169，页13a；《桂海虞衡志》，页32b—33a；《岭外代答》卷2，页19。

2　《太平寰宇记》卷169，页13a—13b；《桂海虞衡志》，页32b—33a。

3　克拉克《海南大瞽黎：海南岛内陆头绾大瞽的原始部落》，《国家地理杂志》，1938年9月，页403—404。

4　《桂海虞衡志》，页32b—33a；《太平寰宇记》卷169，页13a—13b。

5　《太平寰宇记》卷169，页9b、13a—13b；梁载言《十道志》，见《太平御览》卷172，页14a；《桂海虞衡志》，页32b—33a；《岭外代答》卷10，页116—117。

6　史图博、梅里奇《海南岛的黎族：对华南民族学的贡献》，柏林：1937，页34—35。现代一些黎人结婚，新娘要在手上刺青，而新郎至少一只手上要有各具特色的文身。克拉克《海南大瞽黎：海南岛内陆头绾大瞽的原始部落》，《国家地理杂志》，1938年9月，页403、411。唐代文献称南越原住民一般都文身，是为了在出海下水时，避免蛟龙或其他海怪的袭击。参见《酉阳杂俎》卷8，页62。但是，黎族文身是否也有同样意义，根本不能确定。

（*Strobilanthes flaccidifolius*）中提取的。[1]

宋代文献中称黎人"弓刀未尝去手"。[2]黎刀长约一二尺，刀靶短约三四寸，并以斑点细藤缠束，作为装饰。靶端插上白色牛角片，长尺许，形如"鹞尾"（或如"鸥鸰尾""鸡尾"）一样。[3]黎人爱弓，其弓用竹或其他木材制成，不甚大。以藤条或竹纤维为弓弦，可以射出三尺长的无羽箭，其箭镞为叶形，有五寸长。这种弓箭并不能射出很远的距离，但若射中则往往致命。令人惊讶的是，这种简陋的武器据说与倭弓相似，不过稍短一些。黎人武士也佩戴藤条制成的兜鍪。[4]

> 大抵黎俗多猜。客来不遽见之，而于隙间察客俨然不动，然后遣奴出布席。客即席坐，移时，主乃出见，不交一谈。少焉置酒，先以恶秽味尝客，客忍食不疑，则喜，继以牛酒。否则遣客。其亲故聚会，椎鼓歌舞，三杯后请去备，犹以弓刀置身侧

---

1 莫古礼《岭南大学第六、第七次海南岛之考察》，《岭南科学杂志》，卷13（1934），页591。
译注：原学名为Strobilanthes flaccidifolius，今已修订为Baphicacanthus cusia，即从紫云菜属改为板蓝属。
2 《太平寰宇记》卷169，页9b；《宋史》卷495，页5729a—b。
3 《桂海虞衡志》，页12a；《岭外代答》卷2，页19；卷6，页59。
4 《太平寰宇记》卷169，页13a—b；《桂海虞衡志》，页11a—12a；《岭外代答》卷6，页59、61；《宋史》卷495，页5729a—b。

也。性好雠杀，谓之作抝。遇亲戚之仇，即械系之，要牛酒银瓶，谓之赎命。婚姻以折箭为信。商旅在其家，黎女有不洁者，父母反对邻里夸之。其亲死，杀牛以祭，不哭不饭，唯食生牛肉。其葬也，舁榇而行，前一人以鸡子掷地，不破即吉地也。[1]

这就是汉人眼中的黎人社会习俗概要。

汉语文献几乎一致认为黎人治病不是靠药物，而是依赖超自然的方式：请来巫师，烹煮羊犬以供祭神灵。975年，仁慈的宋太祖了解到这种情况，心有不安，特地下诏颁发草药和方剂书给这些无知的蛮人。[2]

黎族仪式中重要的一项，是为了治疗重病而大肆杀牛献祭。苏轼写道：

富者至杀十数牛。死者不复云，幸而不死，即归德于巫。以巫为医，以牛为药，间有饮药者，巫辄云："神怒，病不可复治。"亲戚皆为却药，禁医不得入门，人牛皆死而后已。地产沉水香，香必以牛易之黎。黎人得牛皆以祭鬼，无脱者。中

---

1 《岭外代答》卷2，页19。
2 《太平寰宇记》卷169，页13a—b；参看《图经》，见《舆地纪胜》卷126，页2b。

国人以沉水香供佛燃帝求福，此皆烧牛肉也，何福之能得？ [1]

最后一句表达了苏轼反对杀生（佛教徒的本质）的态度，即使这是出于祭神的虔诚目的。

海南黎人与其在大陆的同族一样，会施展性欲的魔法，汉人称之为"蛊"。我们手上并没有这种"蛊"的配方，但可能与12世纪海南对岸大陆的原住民所施之"蛊"没有多大不同。有时，蛊毒是由妇人裸体披发，在夜间祭祀所得，就如今天在广西看到的一样。[2]

尽管禅宗大师慧能在唐代南越地区享有极高权威，这里的人们也崇奉《楞伽经》，但是晚至8世纪，佛教还未超出较大的州县和寺庙而广泛传播。[3]事实上，我们有确凿的证据证明，南中小郡多无缁流。9世纪有一个故事可以说明，如下：

每次大赦诏书到达乡野小城，通常需要有人装成和尚，参加赦令颁布仪式。889年，唐昭宗即位，宣布大赦天下，但崖州却

1　苏轼《书柳子厚〈牛赋〉后》，《苏东坡集》，第8册，卷9，页25—26。现代黎人仍然在葬礼上击打多只水牛至死。参见萨维纳《海南岛志》，页42；史图博、梅里奇《海南岛的黎族：对华南民族学的贡献》，柏林：1937，页66；邱茉莉《海南：觉醒的乐园》，页438。印度支那的巴拿族也有与此类似的水牛祭祀仪式。保罗·慕斯《评萨维纳〈海南岛志〉》，页440。

2　《岭外代答》卷10，页125；拙著《朱雀》，页203—207。

3　拙著《朱雀》，页180—186。

没有一个真的和尚可以参加赦令颁布仪式。被指定冒充和尚的那个人拒绝受命，他的理由是上次就是他冒充的和尚，不应该这么快就再次轮到他。[1]

尽管9世纪海南的和尚稀少，但是，一部12世纪文献的作者，却坚信在黎人及其他"南蕃"中流行的戴重环以拉伸耳朵的习俗，是在摹学佛祖的形象。如果这个说法可信，那么，至少在昌化地区，是有许多佛教信徒的。[2]或许就在这两个时期之间，佛教已经在毗邻汉人聚居地的半开化的原住民中散播开来了。

关于音乐，中古时期的黎人敲鼓作乐，或者吹奏悦耳的笙，这些乐器富有东南亚大陆民族的特征。[3]黎人也用三耳小铜鼓，击之以为号。[4]

宋代，有一支从外地迁移来的原住民迁居海南沿岸，那就是疍民，其名称可以追溯到汉代。宋代之前，疍民分布于四川、湖南、江西等地，但这些分布广泛的疍人的族群身份却无法确认。直到唐代，不管怎样，被称为疍民的族群都居住在中国最南部的

---

1 《岭表录异》卷上，页6。
2 《岭外代答》卷10，页125。参见夏德、柔克义译注《诸蕃志译注》，页178。
3 《太平寰宇记》卷169，页13a—13b。
4 《桂海虞衡志》，见《琼州府志》卷5，38a。

沿海地区，他们在这里入海采珠，捕捞各种海味，技术娴熟。[1]9世纪时，称他们为"龙户"，可谓恰如其分。无论其起源是什么，中世纪疍民是从宋代初期开始移居陌生的海南沿岸的，到宋代中期，他们就在遥远的万安军与黎人杂居，[2]唐代他们已在雷州半岛与黎人杂居，然后从雷州半岛穿过海南海峡。[3]大概是在唐末宋初，一些疍民开始住在船上，最终这变成他们唯一的生活方式。到了宋代中期，海南北部琼州地区的船民专以捕鱼自赡。[4]苏轼之子苏过就写过儋州地区的疍民。[5]

尚无明确证据表明宋初海南有瑶族人。12世纪的文献经常提及瑶族风俗，并将其与黎族习俗相比较。例如，黎族以弓为长技，瑶族则以弩，黎刀有纹饰，瑶刀则无，等等。但除了一个模糊的线索之外，一切都无法确定。[6]瑶人（按照北越狭义的定义，也称为"蛮"）在宋代才从北方迁徙到南越地区。[7]尽管今天的海南有相当多的瑶族人，但只有很少一部分在本书所论述的时段里

1　拙著《朱雀》，页106—107；何克恩《华南疍家（船民）》，《有关华南、东南亚、香港地区的历史、考古、语言学专题论文集》（香港：1967），页122—123。

2　《图经》，见《舆地纪胜》卷126，页2b。

3　拙著《朱雀》，页107。

4　《图经》，见《舆地纪胜》卷124，页7b。

5　苏过《冬夜怀诸兄弟》，《斜川集》卷1，页3b—4a。

6　《岭外代答》卷6，页59、61，卷2，页19；《桂海虞衡志》，页30a及以下几页。

7　拙著《朱雀》，页22—23。

抵达了海南岛。

无论珠崖的原住民属于什么民族，从一开始他们就遭到汉人漠视。《汉书》对此一不愉快的事实已有明言。书中描写荒阻之地的珠崖和儋耳二郡的原住民也不能全然逃脱汉人的报复，其文如下：

> 其民暴恶，自以阻绝，数犯吏[1]禁，吏亦酷之，率数年一反，杀吏，汉辄发兵击定之。[2]

不管是管理失误还是残暴镇压，结果都是汉人难以交到什么朋友。面对千夫所指，汉朝人放弃了这块难以治理的垦殖地。1000年过去了，只有一些很不显著的改变，乐观者或许会美其名为"进步"。

其中一个可喜的变化，就是出现了一群"汉化"的原住民。宋代的作家开始区分生黎和熟黎。生黎固守深山，仍旧冥顽不化，反对汉人统治。熟黎则选择或被迫依赖低地华人而生存。事实上，到了晚宋时期，有一权威文献称万安军黎蛋与汉人杂

---

1 "吏"指的是政府办事员，不属于士绅阶层。
2 《汉书》卷64下，页0520c。

居，相安无事，他们"质野而畏法，不喜为盗"。[1]至少，这群幸福的原住民与1000多年前汉武帝时代的"暴民"一代大相径庭。

至少到了唐代已有汉人定居者与海南女子结婚。那个年代有一位作者，他不愿相信诚实的华人竟会对"蓬头伛偻"的蛮族姑娘产生真爱之情，就认为这是由于这些原住民女子"善厌媚"之术，"能令男子酷爱，死且不悔"。而且，我们这位满腹狐疑的作者还说，如果丈夫抛弃其原住民妻子，北归大陆，那么，她们就会在海上兴风作浪，迫使丈夫回返。[2]

跨文化的通婚还有另外一种类型。峡谷中的黎戎甚至可以接纳汉人进入自己的家族圈。宋初有一小官吴蒙带兵深入高地，就遇上了这样一位慷慨大度的黎戎主人。吴蒙被俘获后，黎人待之甚厚，以女妻之，两人育有一子。要么吴蒙认为这种奇怪的人生遭遇不适合体面的华人，要么他的上司这么认为，总之他最后是被人用银瓶赎出来的。[3]

1　夏德、柔克义译注《诸蕃志译注》，页181。
2　《投荒杂录》，引自《太平广记》(卷286，页6b)。
3　孙升《孙公谈圃》，卷下，页5b。
译注：《孙公谈圃》卷下："戎得蒙，待之甚厚，以女妻之。而蒙有子在琼州，令以银五十星造两瓶赎之，戎得瓶，甚喜，遂放蒙还。"可见，吴蒙之子殆非黎女所产，而当是前婚所生。

大概很少有汉人在高山黎洞中谋到职位。然而，归化的原住民却常被授予州郡政府中的官职，或大或小。已被"证明"忠诚可靠的本地人最有可能被委以负责人的职位，有些官阶还非常高，而且总有本地人时刻准备迎接这些机会。[1]有时候，只要看一下这些原住民的姓氏，就可以在相当大程度上推出他们任职的概率。例如儋萌，据其姓名，可知他是儋耳人。这个大概是原住民的人在3世纪已升迁为中国在今越南沿海设立的九真郡的太守。[2]8世纪，一个叫何履光的崖州人当上岭南节度使，在毗邻的大陆成就了一番事业。他讲述的那个齐谐志怪故事，说的正是潜伏在他的家乡珠崖外海的海怪，他也因此而长久被人铭记。[3]即使在自己家乡的岛上，有些黎人也可以规划出同样的生涯。11世纪，有个家饶于财的妇人是某峒的酋长，权势很大，能够收服其他黎人，她也受到汉人信任，成为汉人统治黎峒的代理人。她还被赐予尊贵的封号。她的高贵尊严使她女儿能够

1　关于蛮族背叛者以及南越汉人的其他原住民扈从的一般情况，参见拙著《朱雀》，页138—143。

2　《三国志·吴书》卷8，页1048c。

3　拙著《朱雀》，页440。

译注：何履光所讲故事，见《太平广记》卷464引《广异记》："岭南节度使何履光者，朱崖人也。所居傍大海，云曾亲见大异者三，其一曰海中有二山，……其二曰海中有洲，从广数千里，……其三曰海中有山，周回数千里……"按：何履光籍贯又有邕管贵州（《蛮书》卷七）、桂州（《安南志略》卷八）两说。

在同一封地上承继她的事业。[1]即使大陆已经不再委任土人为当地政府的副职，海南仍然继续这么做，而且这些任期模糊的职位通常是可以世袭的。[2]

苏轼被贬谪儋耳之后，总希望在其居民中发现文化的具体迹象，找到熟悉华人或中原传统，因此值得与之交谈的人。苏轼在此搜访艺术品和古董，只获得部分成功。他"得之民间"的一套十八大阿罗汉画像，是晚唐蜀地艺术家张氏所画。他并没有明说自己是如何得到这些杰作的，但很显然，它们不是士绅之家墙上的装饰。他写道："海南荒陋，不类人世，此画何自至哉！"[3]这件事让苏轼从彻底绝望中摆脱了出来。

不管怎样，诗人还是找到了习得汉文化精华的原住民，这里面无疑有一部分是先于苏轼的那些贬谪者努力的结果。这些原住民通常是以"黎某某"这种传统的姓名形式，出现于苏轼或其他人的作品中。10世纪就已经有这种汉化的土人，如一个叫黎伯亨的。被贬崖州的官员卢多逊，对耕作有兴趣，发现此人值得关

1　《岭外代答》卷2，页19。

2　《岭外代答》卷4，页46。据《琼州府志》（卷22，页1b）记载，12世纪初仍然有这种风气。宋徽宗时，新招抚的峒主一概被封为"承信郎"，其子孙各以官名承袭，其个人爵号仍采用"承"字。

3　苏轼《十八大阿罗汉颂》，《苏东坡集》，第9册，卷20，页71。

注。[1]无独有偶，百年后被贬儋州的苏轼，发现他那些受过教育的黎族朋友生活相对贫困，耕作以自给，他们住在城东不远，竹树丛生，清溪潺潺。[2]他们有四兄弟，苏轼反复提到老大黎子云，其他几个未被提到，遂致佚名。他们与苏轼之间的友谊，很大程度上让苏轼的贬谪生涯变得可以忍受。正如苏轼在许多诗歌中表达的，尽管原住民并非汉人，尽管他们居住环境简陋，他们的陪伴对他来说仍是不可或缺的。准确地说，要成为"中国"人，关键在接受"中国"人的价值准则，至于出身和地位，则毫无关系：

> 半醒半醉问诸黎，
>
> 竹刺藤梢步步迷。
>
> 但寻牛矢觅归路，
>
> 家在牛栏西复西。[3]

1 卢多逊《水南村》其二，引自《琼州府志》（卷41，页41b）。
译注：卢诗其一："珠崖风景水南村，山下人家林下门。鹦鹉巢时椰结子，鹧鸪啼处竹生孙。鱼盐客给无墟市，禾黍年登有酒樽。远客杖藜来往熟，却疑身世在桃源。"其二："一簇晴岚接海霞，水南风景最堪夸。上篱薯蓣春添蔓，绕屋槟榔夏放花。狩犬入山多鹿豕，小舟出港足鱼虾。谁知绝岛穷荒地，犹有幽人处士家。"
2 《琼州府志》卷36上，页11b。
3 苏轼《儋耳四绝句》其三，《苏东坡集》，第10册，卷2，页71。参见华兹生的译文，《宋代诗人苏东坡选集》，纽约和伦敦：1965，页130。

苏轼甚至在醉醺醺中蹒跚穿过幽暗丛林之时，也没有无视周遭奇特的环境。突然之间，这幕场景就具有了一种田园生活的闲适性，转化为受人推崇的中国式隐逸生活意象：

丹荔破玉肤，

黄柑溢芳津。

借我三亩地，

结茅为子邻。

躲舌倘可学，

化为黎母民。[1]

（"躲舌"通常是指代蛮语的。）但是对他来说，采用黎人的南蛮之俗是没有任何问题的，他还小心地把玩着这样一个念头：与黎人结邻生活是不可避免的、可以接受的。

有几位质朴的本地学者让苏轼入迷，苏轼对他那位博学的朋友姜唐佐说，从海南去往京城的"白袍"士子，很快就有机会在文官考试中争得功名，这与在边境州郡仅得一官半职，甚至担任军事长官是大不相同的，毕竟这些职位以前都有一些原住民担

1　苏轼《和癸卯岁始春怀古田舍二首》，《苏东坡集》，第10册，卷3，页98。

任过。事实证明，苏轼的乐观是没有依据的。12世纪初有一位作者告诉我们：即使在那个世纪头十年的兴学热潮中，海南岛举子奋发进取以博一职，但终究没有一人登第。事实上，从来没有人及第过。我们这位权威作者尖酸地补充道："恐卤瘠终无嘉谷尔。"[1]

然而，像苏轼这样的人，有时也能够尊敬一个胸无点墨的土人。

> 黎山有幽子，
>
> 形槁神独完。
>
> 负薪入城市，
>
> 笑我儒衣冠。
>
> 生不闻诗书，
>
> 岂知有孔颜。
>
> 倏然独往来，
>
> 荣辱未易关。
>
> 日暮鸟兽散，
>
> 家在孤云端。
>
> 问答了不通，

---

1 朱彧《萍州可谈》，页5b。

叹息指屡弹。

似言君贵人，

草莽栖龙鸾。

遗我古贝布，

海风今岁寒。[1]

　　在这里，苏轼的同情又是基于他所属的文化和阶级的古老价值观：他能够降尊纡贵，接纳这些简单、纯真、质朴的同类，他们虽然对经典一无所知，却与大自然界节拍和谐。然而，他们之间并不是平等的。土人虽然缄默无言，但其恭敬的态度使苏轼感到高兴，苏轼很容易从中推断：自己像上司一样受人尊敬。

　　尽管苏轼天性之中有这种常见的追寻城市桃源之梦的感性特质，但他对增进海南原住民福祉是真正有兴趣的，他还认真思考过如何改善他们的生活条件。在一首篇幅较长的古体诗中，他表达了自己对于这个问题的看法，此诗部分受到陶渊明作品的启发。他的看法要点是：我们要对土人的福祉负责；他们凄惨的生活是由于糟糕的经济状况；他们不要像蛮人一样到森林中四处觅食；让他们在边界上与熟悉的汉人一起精耕细作；总

1　苏轼《和拟古》其九，《苏东坡集》，第10册，卷3，页107。

之，道德品质的维持，要靠简朴而有保障的生活。[1]诗歌开头就有民主精神：

> 咨尔汉黎，
>
> 均是一民。

但是其中也包含些微精致的种族优越感：

> 天祸尔土，
>
> 不麦不稷。

他评说那种令人厌恶的经济状况和饮食方式：

> 惊麇朝射，
>
> 猛豨夜逐。
>
> 芋羹薯糜，
>
> 以饱耆宿。

1　苏轼《和陶劝农六首》,《苏东坡集》，第10册，卷3，页107。

黎人忽略农业，这一部分要怪那些汉族商人和官员，是他们引诱黎人逐利，致力于采集沉香。苏轼虽然正确地认识到这一点，但他误以为华北的农业发展模式以及相关的风俗习惯，能够原封不动地移植到海南。他所想象的革命性变化，就是让黎人接受华人的生活方式和其他各种恩惠，最终成为"文明人"。

苏轼之子苏过对原住民同样怀有好感，也对他们的福利抱有很大兴趣。他也提出一些改变他们命运的建议，并且写成文章，这些建议比他父亲的要实际得多。事实上，他这篇论海南黎事的短文，是他那个时代，甚至任何时代中异常可敬的一篇文献。他把原住民的大部分（如果不是全部的话）问题都归咎于统治者，又提议废止所有针对土人的军事措施。[1] 苏过在文中恭敬地称赞父亲熟悉当地的情况，大有解决问题的才智，然后又扼要地列出中国平常处理原住民问题的方式：

> 或欲覆其巢穴而夷其地，或欲羁役其人而改其俗，或欲绝其通市以困其力，然皆不得其要。

---

[1] 苏过《论海南黎事书》,《斜川集》卷5，页2b—8a。

有议者称：

> 黎人之居，非有重门击柝之固，甲盾剑戟之利，特若鸟
> 兽聚散于山林溪谷之间耳。若以锐师出其不意，焚其聚落，
> 一举可灭也。

苏过写道，一般中国官吏可能都相信这是恰当的措施，但
我大不以为然！接下来，他列举了其他各种处置土人抗命的建
议——这些建议都是野蛮而不公正的。苏过排除这些建议，指出
黎人是无法用武力控制的：

> 夷狄之性如犬豕，然其服可变，而性不可改也。……黎
> 人之性，敦愿朴讷，无文书符契之用，刻木[1]结绳而已。故
> 华人欺其愚，而夺其财，彼不敢诉之于吏。何则？吏不通其
> 语言，而胥吏责其贿赂。怨而无告，惟有质人而取偿耳。

此外，维持驻防部队的花费，也是很不合理的：

1　现代黎人仍然刻木以纪事。参见史图博、梅里奇《海南岛的黎族：对华南民族学
的贡献》，柏林：1937，页58—60。

今朱崖屯师千人，岁不下万缗，若取十一，以为黎人之禄，可以罢千师之屯矣。

简而言之，就是花钱资助土人，而不是士兵。这样会更划算。而且要与他们交朋友，苏过写道，最好是用这个钱来维护道路，雇佣本地民兵。[1]总而言之，不能指望土人恪守已经制定出来的、旨在控制他们的法律，因为这些法律完全没有顾及他们的生活习俗。土人无所适从，只得屈从于官府的敲诈勒索、随意囚禁和官军的不断侵扰。为取代这些行之已久的政治手段，苏过提议进行经济援助，组建一支当地的治安队伍。不过，像他父亲，很明显也像所有受过教育的中国人一样，苏过仍然是把海南当地看成文化沙漠。这里有的只是与人相似的动物，就像宠物或小孩一样，要引领他们到华人文明的光辉之中。而这也是唯一的文明。即使承认这一点，我也没有看到任何证据，显示政府部门考虑过苏过这些宅心仁厚的建议。

1　有关这些建议的叙述，请参看林语堂《苏东坡传》，纽约：1947，页374。

第四章

交　通

我们与殖民地

谈买卖时，虚构落后于真实，

捏造徒劳无功，而想象

冷漠而空洞。

——埃德蒙·伯克

《与美国和解》（第二次演讲）

通过北部湾和琼州海峡，不管是从海南到雷州半岛，还是从海南到广州，或是在海南和南洋乃至更远的港口之间穿梭，都要依赖支配这片几乎称得上神秘的海域的特殊季风和洋流。

海南四郡之西南，其大海曰交阯洋[1]。中有三合流，波头溃涌而分流为三。其一南流，通道于诸蕃国之海也。其一北流，广东、福建、江浙之海也。其一东流，入于无际，所谓东大洋海也。南舶往来，必冲三流之中，得风一息，可济。苟入险无风，舟不可出，必瓦解于三流之中。传闻东大洋海，有长砂石塘数万里，尾闾[2]所泄，沦入九幽。昔尝有舶舟，为大西风所引，至于东大海，尾闾之声，震汹无地。俄得大东风以免。[3]

这是一幕与恐怖的大西洋海沟东西相对的景象，这个海底深渊在东太平洋（东大洋海），中国所有东流的江河之水最后都倾注到这里。

前往海南的旅行者，通常是从雷州半岛最南端的徐闻出发。在天气晴朗之日，从这里是可以看见海南岛的。[4]正如苏轼所说（如果没有更早的话），在宋代初年，这里就已经有参拜汉代两位

1　交阯洋，即东京湾。

译注：东京湾，今名北部湾。

2　"尾闾"是《庄子·秋水》中的词语，指天下之水汇集、倾泻到无底洞的那个地方。也就是海洋流泄之处。

3　《岭外代答》卷1，页9—10。

4　《水经注》卷36，页24a。

伏波将军庙的习俗，并且需要卜算过海吉日。[1]在结束海南短暂的贬谪生涯之后，苏轼返回了徐闻县，并在这里写了一篇颂词，感谢这两位神圣的征服者，苏轼此文被刻上石碑，树立在伏波将军庙旁。[2]

乘北风扬帆而航，一日一夜就可抵达崖州的港口（海渚）。[3]也许这不是一次绝妙的航行，许多运往海南的牛会中途死亡，这些牛是给黎人屠宰以供大型宗教祭祀之用，每艘船装载一百头：

渴饥相倚以死者无数。牛登舟，皆哀鸣出涕。[4]

大船的行程要长得多，航行于海南和广东省会广州之间，需要一个星期左右。[5]不过，这些更耗时费力的航行，也绝对要依

1　路博德和马援，参见本书页15—19；拙著《朱雀》，页194。

2　苏轼《伏波将军庙碑》，《苏东坡集》，第9册，卷15，页23。

3　《水经注》卷36，页24a；《旧唐书》卷41，页48b；《舆地纪胜》卷127，页5a；《宋史》卷495，页5729a；《元和郡县志》，见《舆地纪胜》卷124，页5a。

4　苏轼《书柳子厚〈牛赋〉后》，《苏东坡集》，第8册，卷9，页25。参见林语堂《苏东坡传》，纽约：1947，页373。

5　《太平寰宇记》（卷169，页9a）说需要7天；《太平寰宇记》（卷169，页12b）说需要10天，而且还给出了沿大陆海岸的行程。

译注：《太平寰宇记》（卷169，页12b）："北十五里极大海，泛大船使西风帆，三日三夜到地名崖门。从崖门山入小江，一日至新会县。从新会县入，或便风十日到广州。"可见全程需要14天，而不是10天。

赖西南风。不然的话，航行便不可能。[1]11世纪的中国水手还不敢冒险。但是，也有些人学会如何在海南岛东西两岸开阔的海域进行艰险的航行。这条航线很有必要，因为以前的陆路，一条经昌化循西岸而行，另一条经万安循东岸而行，由于没有官军防守，在南宋前半期都落入高地生黎之手。因此，在12世纪，水路成了与海岛南端的吉阳（新崖州）交通的唯一方式。[2]北部湾和南海海域的汹涌波涛，那时被称为"鲸波"。杜甫和其他早期作家已经使用过这个意象。在这两片海域冒险航行，宋代中期称之为"再涉鲸波"。[3]"鲸波"指的是海上巨大的浪峰，有如鲸鱼高耸的脊背。这个习语使人想到盎格鲁—撒克逊人的比喻复合词hron-rād（whale road，鲸路），它通常是用来隐喻公海的。但是，后者也有相当独特的含意，即海洋是鲸鱼游弋之路。

　　吸引中国商人、政府官员和到海南的狡猾探险者的那些货物，归根结底，都来自于黎人，他们时不时会从僻远山洞出来，与这些北方人交易。[4]为了得到那些无法自制或是中原工匠用其手中更好材料制成的商品，黎人冒险与华人接触，乐此不疲：

1　《太平寰宇记》卷169，页9a、12b。
2　《舆地纪胜》卷127，页4a—4b;《琼管志》，引自《舆地纪胜》。
3　《舆地纪胜》卷124，页6b。
4　《宋史》卷495，页5729a—b。

盐酪谷帛，斤斧器用，悉资之华人，特以沉香、古贝易之耳。[1]

　　这一种类有限的交易是唐宋时代的特征。海南棉织品包括红布席和有花纹的彩袋，上文已提及。[2]需求量更大的是香味浓郁的伽罗木，用于各种仪式和私人用途，华人对此爱不释手。黎人需要牛，这是他们自己的仪式活动中必不可少之物，因此，他们要求华人以牛易香。[3]对华人和黎人双方来说，都是礼仪需要支配着商品交易。

　　在那组旨在鼓励黎人投入农业生产的诗中，苏轼表达了自己的悲忧，因为黎人抛弃自家简朴的农场，而去采伐腐烂而珍贵的香木。忽视农业，使黎人任凭朝廷贪官污吏摆布——沉香贸易也使边境官吏贪污腐化：

　　　　播厥熏木，

　　　　腐余是穑。

　　　　贪夫污吏，

1　苏过《论海南黎事书》，《斜川集》卷5，页5b。
2　见上文，以及拙著《朱雀》，页363。
3　《岭外代答》卷2，页19，以及上文所论。

鹰挚狼食。[1]

贸易兴盛，使岛上一些人富了起来，这就是那些中间商。早在唐代，海南就已有木材大亨。例如贪婪而不择手段的琼州郡太守韦公干。他曾在安南当爱州刺史（治今越南清化）。当时，他就曾立下宏愿，要找到据说是伏波将军马援在几百年前所立的、标志文明世界边界的铜柱，然后把它熔炼掉，卖给外国商人。这个计划并没有成功，因为当地原住民对这个著名的遗迹有着近乎迷信的崇敬。到了海南之后，韦公干的贪婪之心丝毫未减。他蓄养了数百个奴隶，大部分都在纺织精美布料、锻造金银，或用稀罕木料制造家具。"其家如市。"他派木工沿着海岸寻找乌文木以及其他名贵木材。[2]他要求极其苛刻，奴隶要准时、足额上交木材，有时会导致奴隶因为砍伐木材不足额而自杀。有一次，韦公干曾接近覆亡。他从女婿安南都护那里弄来两艘船，派一群健卒护卫，驶往广州。一只载满乌木和白银，一只载满呿陀和金子。最后，两只船都覆没了。"阴祸阴匿，苟脱人诛，将鬼得

1　苏轼《和劝农》,《苏东坡集》，第10册，卷3，页90。
2　乌文木就是乌木。文中还提到"呿陀"（k'ya-t'a），应该相当于非汉语词汇中的kata。但我不知其所指何物。

诛也。"[1]

至少某一部分营利性的珍奇木料贸易是被这些奴隶主垄断的。但是，许多交易可能是在沿海郡县的市场上进行，黎人拿出自己最好的产品，希望跟汉人换取盐和刀。起码在宋代，许多黎人喜欢隐瞒身份，装成城里人。只有当夕阳落山，牛角声吹响，墟市歇业，他们结伴返回远方的森林老巢时，汉人才会认出他们是生活在山地的生黎。[2]

除此之外，海南与大陆的经济关系使它处于一个完全依赖和纳贡的地位。产生这种依赖关系的因素之一，就是统治者及其家庭的日常需求。他们瞧不起当地只吃薯蓣的生活习惯，但他们自己的生活习惯势必需要大量稻米，而稻米是海南本地无法供应的。因此，正如忍受所谓蛮族风味之苦的苏轼在其诗中所写的，每逢北方的大商船由于天气、战争或海盗等原因没有如期到达，这里就会"米如珠"。[3]但是，尽管抱怨不断，像苏轼这种贬谪官

---

1 《投荒杂录》，见《太平广记》卷269，页4b—5a。
译注：据《投荒杂录》此段引文，"前一岁，公干以韩约婚受代，命二大舟……"，其婿当是韩约。
2 《岭外代答》卷2，页20。
3 苏轼《儋耳四绝句》其一，《苏东坡集》，第10册，卷2，页71。参见林语堂《苏东坡传》，纽约：1947，页373。
译注：苏诗曰："北船不到米如珠，醉饱萧条半月无。明日东家当祭灶，只鸡斗酒定膰吾。"

员的需求，并不能解释大量稻米输入海南的现象。大部分稻米还是给驻防部队预留的，他们虚弱地维持着对海南的控制。有时候，这些士兵和自视甚高而且富有诗意的贵族一样，饿着肚子也要坚守岗位。

这个问题在10世纪和11世纪同样存在。10世纪末，从岭南南部州县征粮配给海南已是常事，此后再装上船只，越过海峡运到海南，船上有士兵护送。由于士兵不谙海性，途中死亡者相当之多。10世纪的最后十年海贼的劫掠使粮食转运更加危机四伏。权宜之计就是找个离海南最近的地点来存放粮食，无论如何，这个方法对大陆是有益的。运米船由征召来的海南疍民驾驶，从这里出发，穿过狭窄的海峡，不断运往琼州。[1]

海南对大陆的依赖还可以从另一个方面看出来。晚唐时期，海南岛上的所有赋税收入不是用于当地，而是要上交设在广州的上级官署。至少，那些诚实的官员是要上交的。因此，占领海南的军队要完全仰给于每一位新上任的广州上司，不仅有上面提到的大量军粮，而且还包括日常的花费和俸禄。在唐代，这些高官一般会赏赐50万钱犒劳海南的军队。这笔不正常、也不可靠的

1　《宋史》卷284，页5257a。

投入，无助于加强朝廷在海南统治的稳定性。[1]

《宋史》又记载了另一种形式的经济依赖。这源自对海南进口货物的关税规定。11世纪，长江以南的沿海州郡向海南输入金银丝帛。由此可以推见，输入这些昂贵的商品，是为了丰富当地有权有势的官员和那些做木材或金银生意的富裕商人的生活，这些富商们输出的是未加工的金银原料，现在，他们收回来的是花瓶和发夹。另一端的商品贸易，则是陶器、牛畜以及米包之类输入海南，以满足其他人和其他需求。然而，进口关税与运送这些货物到海南的船只大小成正比，而不考虑货物的价值。其结果是奢侈品利润丰厚，日常用品则利润微薄。中古早期，珠崖日常用品的贸易逐渐中断，于是，海南生活总体上也日益贫困和匮乏。[2]

北宋时期，从印度来到那时海南的主要城市——琼州的外国大商船，都停靠在"白沙津"。由于进入内港的航道浅窄弯曲，大船无法驶入，只能小心翼翼地停泊在外边的海岸，从而饱受风

---

1 《投荒杂录》，引自《太平广记》卷269，页4a—4b。
译注：原文："崖州东南四十里至琼山郡，太守统兵五百人，兼儋、崖、振、万安五郡招讨使。凡五郡租赋，一供于招讨使。四郡之隶于琼，琼隶广海中。五州岁赋，廉使不得有一缗，悉以给琼。军用军食，仍仰给于海北诸郡。每广州易帅，仍赐钱五十万以犒秩。"由此可见，五郡租赋上供招讨使，也就是琼山太守，而不是薛爱华认为的"上交设在广州的上级官署"。
2 《宋史》卷186，页4945a。

涛之苦。[1] 显然，远洋船舶也可以使用海南的其他港口，因为《旧唐书》就提供了两条航线，一条是从海南东岸的万安州到马来半岛中央地带的赤土国（可能位于吉兰丹河上），[2] 一条是从海南南岸的振州到赤土国南边的丹丹国。[3]

然而，这些地点极有可能只是商人的避风港或临时停泊点而已，他们主要的目的地还是广州。不过，其中有些人发现自己落入晚唐振州大豪陈武振之类的手中，沦为猎物，从而不得不结束航程：

> 先是西域贾漂舶溺至者，因而有焉。海中（即海南）人善咒术，俗谓得牟法[4]。凡贾舶经海路，与海中五郡绝远，不幸风漂失路，入振州境内，振民即登山披发以咒诅。起风扬波，舶不能去，必漂于所咒之地而止，武振由是而富。[5]

---

1 《舆地纪胜》卷124，页9b—10a。1188年，一阵"神风"刮开了一条足够宽阔的航道。

2 《旧唐书》卷41，页50a；鲍威里《黄金半岛：公元1500年以前马来半岛的历史地理》，吉隆坡：1961，页35—36。

3 《旧唐书》卷41，页50a；鲍威里《黄金半岛：公元1500年以前马来半岛的历史地理》，吉隆坡：1961，页55。

4 把"得牟法"翻译成the method of successful seizure，至少可以说有相当多猜测成分。

5 《投荒杂录》，引自《太平广记》（卷286，页6a—6b）。

因此，他的财富要用"家累万金"来形容，他还有数百间仓库存满了犀角、象牙和玳瑁。海南人能使船只失事的巫术，不仅用来劫掠锡兰和波斯货船上琳琅满目的货物，也是海盗天生的技能——尽管兴风作浪与劫掠船只通常就是一码事。海南一直以海盗著称于世，因为劫掠中国和印度航线上的船只之后，这里能给他们提供一个极佳的藏身之处。758年那场血洗广州的劫掠，据称是阿拉伯和波斯海盗干下的，他们就是从海南的基地出发的。[1]唐代时，海南海盗冯若芳（从其名可知是当地原住民），通过劫掠波斯和其他地区的商船而发家致富。[2]海南海盗很可能跟现代一样，其出没是季节性的。19世纪，每到夏天，当南方季风把装满货物的船只从印度支那和马来半岛吹来中国时，这群海盗就虎视眈眈。[3]我所注意到的，官方首次在这片海域采取严肃措施以遏制海盗行为，是在11世纪中期[4]。这批海军是在当地招募的，总部设在广东，被称为"巡海水军"。他们配备了旗鼓，在南越沿海包括海南离岸海域操练攻防之术。[5]

---

1 拙著《朱雀》，页59—60。

2 拙著《朱雀》，页362。

3 郁和《记海南的一次考察》，页67。

4 1041—1049年。

5 《宋史》卷189，页4952c、4954a；《琼州府志》卷18上，页1a。

第五章

流　人

在尤卡坦，加勒比圆形剧场的

玛雅商籁体诗人们，

不理会鹰与隼、绿色的犀鸟

和松鸦，仍旧向夜鸟做出他们的恳求

仿佛棕榈树中的紫红色唐纳雀，

高踞橙色的空气中，

是野蛮的。

——华莱士·史蒂文斯

《扮演字母C的喜剧演员》

　　古往今来，海南一直被看作是最惨的流放地。被流放到鬼门关之外，在安南可怕的热带丛林中痛苦地过完一辈子，是够恐怖的。[1]但是，渡过分割海南和大陆的海峡，象征着一种更加可怕的分离——渡海之行，标志着某种精神上的死亡。即使在民初，海南也主要被当作亡命之徒和不法分子的聚集地，正如一位作者所说，是"罪人之托寓"[2]。对某些人来说，海南毫无用处。所以，据报道，某政治家希望将其以1400万美元的价格，卖给外国列强。[3]

唐代的贬谪，包括各种不同方式、不同程度的羞辱，如"谪""贬"和"流"等。[4]如果贬谪之地是海南，那么，何种名目就变得无所谓了，因为贬谪海南意味着打入地狱，意味着绝望。

士族文人韦执谊，就是遭受这种残酷惩罚的一个典型。他在宰相府看到崖州的地图时都会哆嗦。这可怕的征兆终成现实。9世纪初，他失宠了，被降职贬谪到崖州，最后也死在这里。[5]官位再高，也不能确保他不会被贬谪到南方这个热带地狱来受苦。8世纪后期担任宰相的杨炎，是唐代一个著名的例子。他推行著名的"两税法"，完全改变了中国的经济生活。他同时也是一位

1　拙著《朱雀》，页64—65。

2　萨维纳《海南岛志》，"河内地理学会丛书"，第17期（河内：1929），页7。

3　同上。

4　例证见《琼州府志》卷42，页2b—3a。在武则天时期，"流"是相当普遍的惩罚方式，许多名人都遭遇过。

5　《新唐书》卷168，页457c—d；阿瑟·魏理（Arthur Waley）《蒙古秘史及其他》，伦敦：1963，页167—168；拙著《朱雀》，页79—80。

很有才华的山水画家。由于政治原因，他被贬到崖州，最后走投无路而在此自尽。[1]大约一个世纪之后，有一位能征善战的将军李鄠，成功驱逐了占领唐朝安南都护府的南诏，但是由于前期作战失利，他被撤职，贬到了海南绿色丛林地区。[2]

到12世纪，有三名华人贬谪者死后在海南被追封为神祇。那里的三公庙供奉着李德裕、卢多逊和丁谓。[3]这三人可能是由于文学才能而被人选出来放在一起的，因为到了那个时候，已故作家就像从前的军事英雄一样，很容易被官方奉祀为神，如果他同时也是政府高官，就更是如此。

三人之中，李德裕到今天仍有最高的声誉。这位大名鼎鼎的宰相，在唐文宗和唐武宗朝达到其事业的巅峰。847年，他先是被贬谪到广东沿海的潮州。这里曾是韩愈的贬谪之地，鳄鱼遍地，早已众所周知。848年，李德裕再被贬到崖州。次年他死在这里，享年63岁。[4]据后来流传的故事，李德裕被贬与死亡的遭遇，其实在很久以前就已有老人托梦相告。这个老人是蛤蟆的化身，因为宰相李德裕曾在四川凿湖，使它有家可归，它特地托梦

1　拙著《朱雀》，页301。

2　拙著《朱雀》，页135。

3　《舆地纪胜》卷124，页8b—9a。

4　拙著《朱雀》，页88—89。

以表感谢。这个由蛤蟆精变身而来的老人，在许诺给李德裕荣誉和财富之后，接着说："七九之年当相见于万里外。"这个预言容易让人误解："七九"可以是七到九年，但事实上，它指的是63，也就是李德裕在这个南方海岸逝世的年龄。[1]

当厄运最终降临，李德裕满怀不祥的预感，来到了热带地区。密林、瘴雾、"蛇草"，让他精神上不知所措。在"桄榔椰叶暗蛮溪"和"红槿花中越鸟啼"之地，他心绪不宁。[2]在海南，李德裕愁肠百结。他建了一座小亭轩，可以在此排遣"永日"，解忧消愁。后人把它称为"永日轩"。[3]然而，悲愁从来没有放过他。每逢登高北望遥远的帝京，未尝不悲咽不已：当年，他曾在那里管理着一个帝国。[4]这位前宰相也是从低微之职擢升上来的。当行将就木之时，他想起其他那些孤寒士人，也许他们也为他的命运而悲恸，因为这也可能是他们的命运："一时南望李崖州"。[5]

1　《舆地纪胜》卷127，页6b。
2　李德裕《谪岭南道中作》，《李卫公会昌一品集》，别集卷4，页204；拙著《朱雀》，页88。译注：诗曰："岭水争分路转迷，桄榔椰叶暗蛮溪。愁冲毒雾逢蛇草，畏落沙虫避燕泥。五月畲田收火米，三更津吏报潮鸡。不堪肠断思乡处，红槿花中越鸟啼。"
3　《琼州府志》卷11上，页6a。
4　王谠《唐语林》，卷7，页186。
5　王定保《摭言》，卷7，页2a。译注：此处薛爱华似有误解。李德裕是宰相李吉甫之子，以门荫入仕，然而性喜擢拔寒士。《摭言》原文为："李太尉德裕颇为寒进开路，及谪官南去，或有诗曰：'八百孤寒齐下泪，一时南望李崖州。'"

人们也长久地记住了这个"李崖州"。苏轼有一首诗赞美他，用的就是这个称呼，他就像鹤立鸡群，也就是说，他与众不同，是常人之中的天才。[1]李崖州希望自己像一只鸟，能够飞越无尽的青峦，飞越蜿蜒的丛林河流，回到故乡。[2]思乡之苦使他无心留意周围荒野多姿多彩的环境。[3]热带鸟类的色彩和黎族怪诞的习俗，同样也没有引起他注意。创造力也离他而去。他在海南短暂的停留，以死亡为终结，只催生了很少几篇新作，仅有少量留存下来。据说，他写了四十九篇文章，总结自己的人生志向，不过现在都已亡佚。[4]尽管前期在政治世界中表现杰出，尽管他有诗人的雄心壮志，也有对园艺学的开创性贡献，但是，他人生的最后几个月是乏善可陈的。他写信跟段成式开玩笑说，他的新生活就是与鸡群在一起。[5]白居易曾写过一首讽喻诗，痛惜李德裕离

1　苏轼《和拟古九首》其7，《苏东坡集》，第10册，卷3，页107。

译注：诗曰："鸡窠养鹤发，及与唐人游。来孙亦垂白，颇识李崖州。再逢卢与丁，阅世真东流。斯人今在亡，未遽掩一丘。我师吴季子，守节到晚周。一见春秋末，渺焉不可求。"

2　李德裕《登崖州城作》，《李卫公会昌一品集》，别集卷4，页205；译文参看拙著《朱雀》，伯克利、洛杉矶：1967，页44。

译注：诗曰："独上高楼望帝京，鸟飞犹是半年程。青山似欲留人住，百匝千遭绕郡城。"

3　李德裕《寄家书》和《利山亭书怀》，见《琼州府志》卷41，页19b。

4　孙光宪《北梦琐言》，卷8，页67。

5　孙光宪《北梦琐言》，卷8，页67；译文见拙著《朱雀》，伯克利、洛杉矶：1967，页44。

开那座著名的园林。言外之意，李德裕的政治劳作所结出的精美果实，都被杂草所替代。[1]李德裕生前很可能收到这首诗的抄本。

宋代的笔记小说讲述了有关李德裕死亡的最后征兆。他参观崖州一座古寺时，看到墙上挂着十余个球状物。李德裕以为是装着药物的葫芦，但是，那位好心的和尚说，里面的粉末并非药物，而是早期贬谪者的骨灰，是他恭谨地将他们的遗体火化的。和尚保存着这些骨灰，以便将来他们的子孙来认领。李德裕回到住所，怅然若失，"是夜卒"。[2]死后，他托梦给令狐绹，说："公幸哀我，使我归葬。"令狐绹担心如果没有照办，自身会有厄运降临，所以请求皇帝，把这个罪臣的尸体运回家乡安葬。[3]

最为显贵的"三公"中的第二个是卢多逊。10世纪时，他曾先后在后周和北宋朝廷为臣。他被流放到崖州，并于985年死于当地，在李德裕之后一个世纪多。尽管在宋代他赫赫有名，但是他在海南的经历却少有记载。卢多逊曾在被迫无奈中与低级官员的女儿结婚。[4]但是，如果我们从他写的《水南村》两首诗来看，

1　白居易《李德裕相公贬崖州三首》其三，《白氏长庆集》卷20，页25b。
译注：诗曰："闲园不解栽桃李，满地唯闻种蒺藜。万里崖州君自去，临行惆怅欲怨谁？"
2　王谠《唐语林》，卷7，页186。
3　《琼管志》，引自《舆地纪胜》（卷127，页6b）。
4　洪迈《容斋三笔》，卷1，页8。
译注：《容斋三笔》卷1："卢多逊罢相流崖州，知州乃牙校，为子求昏，多逊不许，遂侵辱之，将加害，不得已，卒与为昏。"可见是知州之子娶卢多逊之女。

他似乎已经成功适应了海南的恶劣环境。下引是两首之一：

珠崖风景水南村，

山下人家林下门。

鹦鹉巢时椰结子，

鹧鸪啼处竹生孙。

鱼盐家给无墟市，

禾麦年登有酒樽。

远客杜藜来往熟，

却疑身世在桃源。[1]

总而言之，这片陌生的土地及其纯朴的居民，成了诗人长久以来梦寐以求的桃花源。在第二首诗中，这位政治家诗人对缠绕在篱笆上的薯蓣和屋子周围的槟榔充满了热情。[2]这里都在谈论的"穷荒"又是什么呢？

丁谓[3]是贬谪珠崖，后来又被奉祀的"三公"中的最后一个，是宋朝的高官。在11世纪中期的宋仁宗朝，他被贬崖州5年，比

1　卢多逊《水南村二首》其一，引自《琼州府志》卷41，页41a。
2　卢多逊《水南村二首》其二，引自《琼州府志》卷41，页41b。
3　常被称为"丁晋公"。

苏轼早到海南几十年。[1]丁谓不像李德裕那样到海南后就基本辍笔，他仍然勤于写作，创作了一大批诗歌，后来结集出版，题为《知命集》。[2]此集似乎已经失传，但是，丁谓贬谪之前的一些逸事回忆，后来汇集于《丁晋公谈录》中，却流传了下来。[3]与其他兢兢业业的儒家君子一样，丁谓也花了很多时间来教原住民读书作文。[4]上天赋予的动物智慧，教他知道自己不会死于贬所，而能够安全返回大陆：

> 南海有飞鸟，自空中遗粪于舟，秽不可闻。丁晋公之贬崖，鸟虽翔而粪不污。至崖，尽纵所乘牛马于山林间，数年，一夕皆集，无遗者，翌日遂有光州之命。[5]

由于丁谓在海南所写的诗篇已经亡佚，我们无法知道在他笔下这座海岛是怎样的形象。但是，一句据称出自丁谓之口的俏皮话仍保存了下来，此话表明他并没有完全看不起这个地方。他曾

---

1 《舆地纪胜》卷127，页7a；《琼州府志》卷32，页2a（根据《宋史》的本传）。
2 《舆地纪胜》卷127，页7a。
3 《丁晋公谈录》，见"百川学海"，第7册。涵芬楼"说郛"第40册（卷98）也保留了其片断。
4 《舆地纪胜》卷127，页4a。
5 《孙公谈圃》卷中，页8a。

经问一位客人，天下州郡哪个最大？客人毫不迟疑地选择京师。丁谓说，不然。我在长安当的是宰相，在这里只能当个司户，所以肯定是崖州最大。[1]

在这三公之后，苏轼是贬谪到珠崖的最有名气的人。他的生平无须在此重述。我们只需要关注他面对海南的新环境有什么反应。

苏轼第一次是被贬到惠州，仍在大陆，他于宋哲宗朝晚期、1094年十月二日抵达此地。1095年，苏轼在这里痛失爱妾朝云。很快，他又被迫离开惠州。1097年六月十一日，61岁的苏轼携其幼子亦即第三子苏过从雷州登船，渡海前往海南岛。[2]他辞别了挚爱的弟弟苏辙（字子由），将其留在雷州半岛的谪所，并留下世俗追求皆为空幻的临别赠言，就启程渡海了。[3]他的感触在诗作中有充分的体现，属于常规的忧郁，是所有贬谪热带的流人中司空见惯的：

　　　　并鬼门而东骛，

1　祝穆《事文类聚》卷31，页10b。
译注：《事文类聚》卷31："丁谓谪崖州，尝谓客曰：'天下州郡孰为大？'客曰：'京师也。'谓曰：'不然。朝廷宰相为崖州司户，则崖州为大也。'闻者绝倒。"此处京师指北宋首都汴梁（今河南开封），非长安。
2　林语堂《苏东坡传》，纽约：1947，页346、366、371、398。
3　李高洁《苏东坡作品选》，伦敦：1931，页25、26、32。

浮瘴海以南迁。

苏轼坦承自己罪重如山，然后用精心选择的古典套语，连篇累牍地颂扬天子。当"魑魅逢迎于海上"时，他流下了痛悔然而也是常见的眼泪。[1]苏轼很快就抵达海南西岸儋州昌化军的新家。他的第一反应是相当平和的。但是，他发现自己所学之道还不足以提供一份心灵的平和宁静，以应付太过忧郁而孤独的日子。[2]不过，离群索居也促使他用庄子的风格，给自己一些达观的小慰藉。土地面积的大小终究是相对的。中国本身就是一座岛屿。一只暂时附着在草芥之上漂流的蚂蚁，也是生活于一座岛屿上。海南也是一座岛屿，面积中等。按照这个思路，人在哪里生活，其实也是一样的。[3]

苏轼刚开始是被安置在官屋，不过很快就被官吏赶了出来，只能自己在城南买了块地，他在桄榔林边结茅筑屋。当地人帮他运甓畚土。苏轼对海氛瘴雾和蝮蛇魑魅仍心存畏惧，他试图撇开自己对于舒适家居的那种城里人的狭隘观念，成为一个真正的

1　苏轼《到昌化谢表》，《苏东坡集》，第8册，卷13，页86。
2　苏轼《夜梦》，《苏东坡集》，第7册，卷6，页78。
译注：序引曰："七月十三日，至儋州。十余日矣，澹然无一事。学道未至，静极生愁。夜梦如此，不免以书自怡。"
3　这里我依据的是林语堂全面的阐述。见林语堂《苏东坡传》，纽约：1947，页374。

人，尽管世界的这一角落令他惶惑。他准备"跨汗漫而游鸿蒙之都"，仿佛他正要去探索道家仙境或正待坐化一样。[1]

住在季风林周边，可以得到的食物与住房一样，都十分奇异，迥异于传统风味。这也许能激起某些人联翩而开阔的思绪。但苏轼肯定不属于这种人。相反，读到唐人对于诸如"蜜唧"（蘸满蜜的新生老鼠）和蛤蟆之类的南方怪异食物的保守看法之后，他对食物的前景是相当担心的。[2]好的常食肉类，如猪肉和禽肉，极其短缺：

> 五日一见花猪肉，
>
> 十日一遇黄鸡粥。
>
> 土人顿顿食薯芋，
>
> 荐以熏鼠烧蝙蝠。

（"花猪"指斑猪；"熏鼠"即香猫，很可能就是海南小麝猫。[3]）

---

1 苏轼《桄榔庵铭》，《苏东坡集》，第13册，卷10，页16；《宋史》卷338，页5384b；《琼州府志》卷11上，页19a；林语堂《苏东坡传》，纽约：1947，页374。
2 拙著《朱雀》，页504—505。
译注：苏轼《闻正辅表兄将至以诗迎之》："朝盘见蜜唧，夜枕闻鵂鶹。"
3 拙著《朱雀》，页504—505。
译注：《诗经》云："穹窒熏鼠，塞向墐户。"古代之熏鼠，即用烟熏驱赶老鼠。此处"熏"与"烧"应指烹饪的方法，即熏制的鼠肉和烧煮的蝙蝠肉。

诗人不无伤感地追念起昔日京城的美好时光，那时餐餐有肥美的羊肉、"烝花"和"红玉"。后两种肯定是高级菜肴，但现在已无从考证。弟弟子由在雷州变瘦了，苏轼就说他们俩很可能会因为太瘦而被误认为道教仙人——臞仙，身轻可以骑上传说中的黄鹄，在天空自由翱翔。[1]这虽是戏语，但也几乎是认真的。

令人欣慰的是，苏轼所住小屋附近有一条小溪，水清且洁，容易汲取，把水小心烧开，就可以泡一杯茶提提神。[2]海南的清泉享誉已久，可惜并没有因此而吸引到游客。李德裕与这个声誉有很大的关系，虽然是间接的关系。他喜欢喝惠山（在今江苏省）流出的特别甘美的泉水。一个僧人告诉他，惠山甘泉在地下与长安的一个道观——昊天观的井水相通。两个多世纪后，苏轼发现，琼州佛教三山庵的泉水尝起来很像受人推崇的惠山泉。海南僧人告诉他，这口南方的泉水，被称为"惠通"——这给人带来了可喜的希望，因为泉水也可能经由地底的秘密通道流到京师

1　苏轼《闻子由瘦》，《集注分类东坡诗》卷25，页24a—24b。
译注：诗曰："五日一见花猪肉，十日一遇黄鸡粥。土人顿顿食薯芋，荐以熏鼠烧蝙蝠。旧闻蜜唧尝呕吐，稍近虾蟆缘习俗。十年京国厌肥羜，日日烝花压红玉。从来此腹负将军，今者固宜安脱粟。人言天下无正味，蝍蛆未遽贤麋鹿。海康别驾复何为，帽宽带落惊僮仆。相看会作两臞仙，还乡定可骑黄鹄。"苏轼引俗谚自注云："大将军食饱扪腹而曰：'我不负汝。'左右曰：'将军固不负此腹，此腹负将军，未尝出少智虑也。'"
2　华兹生《宋代诗人苏东坡选集》，纽约和伦敦：1965，页131。

去——或许这是苏轼与朝廷和解的早期征兆吧。当时，李德裕已经成为海南流人的伟大历史榜样。也许，我们也应该这样理解：是李德裕个人的感召力使神奇的惠山泉水从中南部的惠山流到最南边的琼州，[1]这是另一个谨慎的暗示，暗示海南那些可怖的山脉里隐藏着伟大的魔力。

更好的消息是，苏轼在其半乡下的住所旁发现了一眼优质清泉。他写道："吾谪居儋耳，卜筑城南，邻于司命之宫。"这座道观中有一眼泉水，清冽而甘美，不像附近其他泉水那样有点咸涩。苏轼把这眼神泉比作道家的长生不死之药，专门用来煮饭、饮用。诗中有几句讥讽咸水之无用，如同人类流出来的汗水和血液。[2]可见，苏轼在这里的食物包括可疑的也许是有害的肉类、粗根蔬菜以及甘美的泉水。他还察觉到自己，亦即下引两首绝句第二首中的"翁"，居然适应了新环境。这是因为他在物质上得到了比水更好的饮品酒的帮助。

小邑浮桥外，

1　苏轼《琼州惠通井记》，《苏东坡集》，第9册，卷15，页15。此文写于1100年夏天。译注：据苏轼此记，惠通井之名是苏轼应三山庵僧惟德之请而起的。
2　苏轼《天庆观乳泉赋》，《苏东坡集》，第8册，卷8，页6。参见李高洁的译文，见《苏东坡赋》，上海：1935，页143。

青山石岸东。

茶枪烧后有，

麦浪水前空。

万户不禁酒，

三年真识翁。

结茅来此住，

岁晚有无同。[1]

　　海南原住民能酿造出许多解忧的美酒。后人将其中一些酒的发明归功于苏轼。海南本地的果酒和麦酒，亦即用水果和谷物酿成的酒，有天门冬酒和桂酒。[2]可以确定的是，这些酒并没有全部失传，其中有大量的棕榈酒，甚至有绿海龟汤。苏轼很高兴地看到，用生黎的方法酿造出来的陌生烈酒，使华人和蛮夷可以一起把酒言欢。虽然苏轼必须吃黄姜土芋之类的劣质食物，但是在这岛上，还有许多体面人家也是这样。毕竟，还可以照样写诗以及从事其他文化活动。他记述这些海岛见闻的诗篇，我们读起来

1　苏轼《儋州二首》其一，《苏东坡集》，第10册，卷2，页46。
2　天门冬（*Asparagus lucidus*）。《琼州府志》卷5，页40a。
译注：天门冬拉丁名，今已修订为 *Asparagus cochinchinensis*。

会觉得奇怪，尽管其中夹杂有异域风情、对当地的精确观察、个人追忆以及古典文学典故，但少有异乎寻常者。仿佛一个士人要把他生活中所有最喜爱的意象，都用来擦干因食物难吃而落下的眼泪。试图找到证据回答"这是真实的生活，还是好玩的梦幻"这个问题，是徒劳无功的。[1]

苏轼在海南固定而可靠的伙伴，是他的儿子和那条土狗。幸好苏过是个颇有才华的年轻人，一直帮助父亲，照顾着父亲。看来，他的付出已经不只是传统所说的孝顺。[2]土狗似乎也有同样的贡献。它的名字叫"乌觜"，是只爱贪嘴、活蹦乱跳、有情有义的动物，而且还是游泳好手。几乎所有谈到苏轼晚年生活的人，都会被这只可爱的土狗吸引。这就是为什么我在这里点到即止的原因，它本该占有更多篇幅。[3]另外，还有一些受过教育的，或者至少是有人生阅历的，如乡村父老之类，可以陪苏轼谈话，度过一个有益的下午，或许还会带着流人苏轼，找到一些不为人知的古书旧籍。[4]有一位姓符的老者，就是这样一种人，他安贫

1　苏轼《用过韵冬至与诸生饮》，《集注分类东坡诗》卷11，页8b—9b。

2　参见林语堂《苏东坡传》，纽约：1947，页381。

3　苏轼《予来儋耳，得吠狗曰乌觜，甚猛而驯，随予迁合浦，过澄迈，泗而济，路人皆惊，戏为作此诗》，《苏东坡集》，第7册，卷7，页88。李高洁《苏东坡作品选》，伦敦：1931，页28；华兹生《宋代诗人苏东坡选集》，纽约和伦敦：1965，页132—133。

4　《宋史》卷338，页5384b。

守静，自在悠闲，或者说，他在苏轼面前是这样一种形象。苏轼把他描写成纯正古典模式的隐士。[1]诗人在海南这片令人啼笑皆非、充满矛盾的土地上惶恐不安，他决定去寻找那些符合社会认定的模式、为道德原则和典籍所赞许的人和事。这样至少要比死于无助和绝望的李德裕好一点。

当地的佛教僧人中，可能有识字的，尽管与北方大城市中的僧人相比，海南的和尚没那么多，也没那么有学问，而且也不以戒色著称。[2]最后，这位急切的寻找者或许希望通过跟儿子以及那些他尚能接受的朋友共同游览儋州，增进对当地人的了解，找到某种短暂的消遣。这里少有可供考察的僧舍，路上则混杂着汉人农夫和容易激动的原住民，有令人生厌的肉肆，也有吸引人的酒垆。[3]

消遣有时也与宗教的虔诚混在一起。苏轼讲到某渔人带来二十一尾鲫鱼[4]要卖给他。他与坐客欣然买下，准备放生。他们把鱼放在木盆里，抬到城北的沦水之阴放生。同行者中有一位士

---

1 苏轼《海南人不作寒食，而以上巳上冢。予携一瓢酒，寻诸生，皆出矣。独老符秀才在，因与饮，至醉。符盖儋人之安贫守静者也》，《集注分类东坡诗》卷6，页10b—11a。

2 苏轼《李氏子再生说冥间事》，《东坡志林》卷2，页20b—21a；林语堂《苏东坡传》，纽约：1947，页380。

3 苏轼《书上元夜游》，《东坡题跋》卷6，页34b—35a。林语堂《苏东坡传》（纽约：1947，页375）有不太精确的翻译。

4 鲤科（*Cyprinus sp.*）。

人叫作陈宗道，趁机诵读了《金光明经》中应景的一段，以确保这些鲫鱼安全转入另一种更高级的生活方式。这件事发生在1099年春天。[1]

此外还有寻找延年益寿的草药的乐趣。这些草药有些是自古著名、众所周知的，有些则是诗人的新发现。其中有的是毫无疑问的万能灵药，有的则是未必可信的灵丹妙药。不过，试药偶尔也会引起消化不良，这是自然的惩罚。[2]

苏轼也有其他爱好追求。晚宋就已流传着苏轼改良海南油墨的故事，甚至说他是制墨能手，是"海南松煤"的发明者。这声誉似乎有点被夸大了。事实上，即便仰慕苏轼的人也认为这完全不是真的，虽然苏轼肯定亲自试验过这一工艺。[3]是否事实上他只是在墨条上签个名，利用自己的名气来兜售墨条呢？毋庸置疑，苏轼是需要钱的。他坦白地说，在海南，他不得不尽卖酒器，以供衣食，只留下一个做工精良的"荷叶杯"，他舍不得脱手。[4]

在学术研究和文学创作中，苏轼找到了慰藉。他的弟弟是这

1　苏轼《书城北放鱼》，《东坡题跋》卷6，页35a—35b。专门用来放鱼的池塘似乎到处可见。宋代琼州的放生池，参看《舆地纪胜》卷124，页7a。
2　李高洁《苏东坡作品选》，伦敦：1931，页28—29；林语堂《苏东坡传》，纽约：1947，页382—383。
3　《舆地纪胜》卷125，页5a；林语堂《苏东坡传》，纽约：1947，页382。
4　苏轼《和连雨独饮二首》，《苏东坡集》，第10册，卷3，页89。

样描写他的：

> 日啖薯芋，而华屋玉食之念不存于胸中。平生无所嗜好，
> 以图史为园囿，文章为鼓吹，至此亦皆罢去。独喜为诗。[1]

很明显，这是苏辙理想化的追忆，与苏轼自己作品中的描述不符。这位伟大人物或许可以忍受海南乡野饮食，但不会乐在其中。另一方面，他不仅仅在写诗中找到生活的滋味。苏轼在海南短暂的贬谪生涯中，确实写了不少诗，而且对陶渊明的关注大增，经常作和陶诗。但是，他也花了很多时间，继续研究古代经典。居海南时，他就完成了《尚书》注释。[2]另外，他的名气也使许多大有前途的年轻士子前来拜访他，寻求建议。[3]这确实是对其所处蛮荒现实环境的一点补偿。显然，苏轼也常因当地豪绅的请求而进行书法创作，因为12世纪海南有座寺庙就以有苏轼题写的匾额而骄傲。[4]简而言之，他的贬谪生活并非如远方同情者、好心人甚至是他本人所想象的那样局促和平淡。

1　苏辙《追和陶渊明诗引》，《苏东坡集》，第10册，卷3，页89。
2　贬谪海南之前，苏轼就注过《周易》和《论语》。《宋史》卷338，页5384b；林语堂《苏东坡传》，纽约：1947，页383。
3　李高洁《苏东坡作品选》，伦敦：1931，页29。
4　《舆地纪胜》卷124，页10a。

苏轼就这样努力求得生还，而不像李德裕当年那样。他的抱怨似乎只是老生常谈，甚至是半开玩笑的：食物虽然粗糙，但是，吃这种食物的僧人和隐士却身体健壮。[1]他把自己描写成"病翁"，这并不怎么公正。他自称，小男孩祝贺他双颊红润，实则这是酒后脸红。[2]

我们已经看到，苏轼很高兴与接受华人价值准则的原住民为伍，就如好的罗马主教喜欢与真诚皈依基督的法兰克人或撒克逊人在一起。事实上，苏轼很有必要与他们会面，跟他们交流。如果没有客人，没人聊天，他就会郁郁不乐，所以，他并不轻视蒙昧无知的民众，无论哪个种族的。[3]他甚至穿上当地服装，想去学当地方言——尽管没有记载他学得怎样。[4]他也与儋耳的士子结下真诚的友谊，如上文已经提到的黎家兄弟，还有姜唐佐。苏轼认为他是有教养的君子。这位大文豪在姜唐佐的扇子上题写一联：

沧海何曾断地脉，

1　林语堂《苏东坡传》，纽约：1947，页375。
2　苏轼《儋耳四绝句》其四，《苏东坡集》，第10册，卷2，页71。
译注："寂寂东坡一病翁，白发萧散满霜风。小儿误喜朱颜在，一笑那知是酒红。"
3　林语堂《苏东坡传》，纽约：1947，页376。
4　李高洁《苏东坡作品选》，伦敦：1931，页27。

朱崖从此破天荒。

这里的"天荒"还有"天然荒僻"的引申义。此联内含一个典故，用典工切，指的是边远地区的士子打破教育、地理与家族关系的重重障碍，在进士考试中脱颖而出，成为首个及第的当地人。苏轼预言姜唐佐有朝一日将使海南进入中国的知识地图。苏轼又为姜唐佐写了另一副对联，刻在他的书桌上。这副对联语调更为轻松，还拿当地姑娘的习俗开玩笑：

暗麝著人簪茉莉，
红潮登颊醉槟榔。[1]

用茉莉来增加女性的魅力，这是有文学先例的，尽管这并非很正统，却是可以接受的。不过，嚼食槟榔的美人就显得异常新颖，骇人听闻——就如唱诗班的姑娘嚼食古柯叶和吸食大麻一样。

在唐代诗人的诗作中，槟榔和桄榔之类的热带植物已经成为贬谪之地的象征物，司空见惯，但在苏轼笔下，它们仅仅是日常

1　这些残篇断简，参见惠洪《冷斋夜话》卷1，页5，《舆地纪胜》卷124，页12b。

所见之物，几乎是家喻户晓的植物。这片蛮荒之地终究变成了可以接受的，甚至是普通平常的居住地。苏轼年轻时梦想远游无极八荒纵目，到底只是孩子气：

少年好远游，
荡志隘八荒。
九夷为藩篱，
四海环我堂。

这种无拘无束的想象已经逐渐淡化。现在，诗人发现海南跟其他地方很相似，无论如何，他可以住在这里，甚至可以接受蛮族的饮食：

芋魁倘可饱，
无肉亦奚伤。

海南黎母山与中原古典名山，也是中原之骄傲的嵩山、邛山相比，相差并不很大。[1]事实上，正如庄子以那么扣人心弦而且

---

1 苏轼《和拟古九首》其四，《苏东坡集》，第10册，卷3，页107。

富有诗意的语言所表达的，世间所有的价值观都是相对的。更重
要的是，造物本是凭其一时兴致，不要太认真：

造物本儿戏，

风噫雷电笑。

谁令妄惊怪？[1]

魑魅魍魉遍布于南方各地，就如棍棒和石头一样普通平常。
漫不经心的造物者，一视同仁地嘲笑这些玩偶。[2]

但是，说苏轼适应或者屈从这个他不得不居住的奇异环境，
并不包含他对具体细节逐渐发生兴趣。他只是接受了生活中的那
些事实——薯蓣、水牛、原住民以及一切，他在诗句中记录这些
日常之事。[3]但他并没有去探索他周边那个小小的世界。他也根本
不是热带森林的勇敢拓荒者。热带森林的幽暗、浓艳和神秘，都
没有能够吸引他，也没有给他的诗歌提供丰富的意象。苏轼豁达
的心胸，让一切事物都变得可以忍受，但他没有学会去寻找超出

1　苏轼《曹既见和复次其韵》，《苏东坡集》，第4册，卷13，页3。
2　华兹生《宋代诗人苏东坡选集》，纽约和伦敦：1965，页11；拙撰《唐代文学中的
造物者概念》，《东西方哲学学刊》，第15期（1965），页153—160。
3　华兹生《宋代诗人苏东坡选集》，纽约和伦敦：1965，页9。

其知识范围之外的价值观，这就是中国北方自由的士人所拥有的想象力，虽然灵活，但又是自我囿限的。这一点，苏轼比不上柳宗元，在此之前，这位天才文人凄惨地死在了广西阴森的山林中。对柳宗元来说，周围所有的事物都是奇迹，都是令他激动的源泉。[1]苏轼则没有这么广泛的爱好。在海南，他主要关注的还是与朋友和亲人之间的相处、回忆往事以及他的中国文化价值观。尽管他使别人有可能接受新事物，但他自己并不描写这些新事物。

如果说苏轼的想象力并没有因为新的生活体验而有显著的扩展，那么，可以预见的是，他的创作也是如此。不过，有时很难对他的诗歌进行准确系年，很难分辨哪些是在大陆写的，哪些是在海南写的。内证未必充足够用，例如"红薯与紫芋"[2]，在南方任何地方，都有可能写出这一句。事实上，它也不过是常见的套语，有意用来吓唬养尊处优的汉人而已。异域风情的意象的痕迹，既出现在大陆所作诗中，也出现于海岛所作诗中。其中一首是他作于广东的律诗，当时他正要出发去海南。诗中所写是宴会场景——南方的生活并不像传统模式所显示的那样简朴。"枇杷已熟粲金珠"。美酒泛起泡沫，有如"玉蛆"。绿饼是用槐叶汁冷

1　拙著《朱雀》（页298—300）和其他地方的论述。
2　苏轼《和陶酬刘柴桑》，《苏东坡集》，第10册，卷3，页92。

淘而来。鱼则是用藿叶包起来后，盛放在红色斑点的冰盘上的。[1]
但是，这没有一样东西特别有异域风情——甚至枇杷也早成了日常食用的水果。（很惊讶看到苏轼在南方所写的诗歌充斥着这么多食物。这些南方的美味佳肴，在苏轼笔下形象优美，这种反应与其说出自一个好奇的风土画家，不如说出自一个美食家——他会变胖吗？）

对海南，情况也是相同的。"天低瘴云重"。[2]我们以前早在贬谪南越的唐代诗人中看过这样的句子，而在苏轼的诗作中，这样的词句已经完全被驯化——"绿色的野蛮成了典范"[3]。几种美丽的热带花朵，虽然他不是十分理解，也与那个老道一起，出现在他刚从珠崖北还时写的一首诗里。虽然读到"心如莲花"并不惊讶，但是想象"耳如芭蕉"的情景，确实很可乐——这大概指的是芭蕉叶，而不是果实。[4]

尽管哲学思想上能够顺命委化，兼有诗歌的慰藉，苏轼仍

1　苏轼《访詹使君食槐芽冷淘》，《苏东坡集》，第10册，卷2，页56。
译注：诗曰："枇杷已熟粲金珠，桑落初尝滟玉蛆。暂借垂莲十分盏，一浇空腹五车书。青浮卯碗槐芽饼，红点冰盘藿叶鱼。醉饱高眠真事业，此生有味在三余。"
2　苏轼《夜卧濯足》，引自《舆地纪胜》（卷126，页5a）。此诗通行苏轼诗集未收。
译注：诗云："万安无市井，斗水宽百忧。天低瘴云重，地薄海气浮。"苏轼集中有《谪居三适·夜卧濯足》，其中"万安"为"云安"。
3　华莱士·史蒂文斯《扮演字母C的喜剧演员》。
4　苏轼《赠邵道士》，《东坡志林》卷2，页10b。

然无法逃脱思乡和孤独的双重悲苦。残孤已灭，他在缭绕的香炉烟熏中坐到很晚。外面刮起风，惊动了树上的乌鸦，而狗则对着月亮下边的云彩狂吠。黑暗里，孤独中，他只想念雷州的弟弟。[1]又如，儿子苏过去参加当地官员的夜宴，苏轼躲在床上，望着月亮，静听夜虫叫声，直到香篆慢慢烧尽。[2]即使在白天，热带风光勾起的也是诗人的思家情绪：

乱山滴翠衣裘重，

双涧响空窗户摇。

饱食不嫌溪笋瘦，

穿林闲觅野芎苗。

却愁县令知游寺，

尚喜渔人争渡桥。

正似醴泉山下路，

---

1 苏轼《儋耳寄子由》，《苏东坡集》，第10册，卷2，页51。
译注：此诗一题《十二月十七日夜坐达晓，寄子由》，诗句亦有异文，诗曰："灯烬不挑垂暗蕊，炉灰重拨尚余薰。狂（清）风欲发鸦翻树，缺月初升犬吠云。闭目（眼）此生（心）新活计，随身孤影旧知闻。雷州别驾应危坐，跨海清光与子分。"
2 苏轼《儋州上元过子赴使君会》，《苏东坡集》，第10册，卷2，页51。（也见于第7册，卷6，页83。）
译注：一题《上元夜过赴儋守召，独坐有感》，诗曰："使君置酒莫相违，守舍何妨独掩扉。卧（静）看月窗盘蜥蜴，静（卧）闻风幔落伊蛾。灯花结尽吾犹梦，香篆消时汝欲归。回（搔）首凄凉十年事，传柑归遗满朝衣。"

桑枝刺眼麦齐腰。[1]

抑或，一场热带风暴过后，他独倚栏杆，眺望着雨后美丽的双彩虹，幻想着朝廷下达赦令，放其还家。[2]

最后，赦令真的来了。1100年五月，由于太后（北宋末代君主徽宗之母）的作用，皇帝赦免了苏轼。他带着儿子和忠实可靠的爱犬乌觜，动身返回大陆。[3]昌化军的父老乡亲带着酒食等礼物，到码头挥泪送别。[4]诗人欣喜地写了一首绝句：

余生欲老海南村，

帝遣巫阳[5]招我魂。

杳杳天低鹘没处，

青山一发是中原。[6]

---

1 苏轼《自昌化双溪馆下步寻溪源至治平寺二首》其一，《苏东坡集》，第2册，卷4，页59。

2 苏轼《儋耳》，《苏东坡集》，第10册，卷2，页64。

译注：诗曰："霹雳收威暮雨开，独凭栏槛倚崔嵬。垂天雌霓云端下，快意雄风海上来。野老已歌丰岁语，除书欲放逐臣回。残年饱饭东坡老，一壑能专万事灰。"

3 林语堂《苏东坡传》，纽约：1947，页385—386。

4 范正敏《遁斋闲览》，页8b。

5 古代女巫。

6 苏轼《澄迈驿通潮阁二首》其二，《苏东坡集》，第7册，卷7，页88。

北还京师路上，有老朋友问起海南的情况，苏轼说这里的风土"极善"，人情"不恶"。[1]最后，他病逝于返家途中。

13世纪初，琼州郡庠讲堂立起一块碑，上刻"明道"二字，以纪念苏轼。[2]碑上还有这样的词句：

> 他是首位个人历史与海南密切相关的伟人。……他的作品既遮蔽也阐明了他的见闻，给海南岛增添了魅力。[3]

1　范正敏《遁斋闲览》，页8b。
2　夏德、柔克义《诸蕃志译注》，页78。
译注：《诸蕃志》原文："庆历间，宋侯贯之创郡庠。嘉定庚午，赵侯汝厦新之，祠东坡苏公、澹庵胡公于讲堂之东西偏，扁其堂曰'明道'。"此处薛爱华理解似有误。
3　香便文《岭南纪行》，伦敦：1886，页503—504。
译注：此段引文出自香便文的叙述，而非碑文上的内容。实际上，琼州府庠有匾而无碑。

第六章

地狱抑或天堂？

来呀，朋友们，

去探寻更新的世界还不太晚。

开船吧！坐好了才能

划破这喧哗的海浪，我的目标是

驶向日落的远方，以及

所有西方星星的浴场，至死方止。

也许海沟会把我们吞噬，

也许我们将到达海岛乐土，

见到伟大的阿喀琉斯，我们早认识他。

——阿尔弗莱德·丁尼生

《尤利西斯》

海南四周环绕着白茫茫的原始水域，其环境之恶劣与优美，是人的想象力很难把握的。它所反映的观念人们一点儿也不熟悉，连受过教育的士人的心智也无法理解。或者，如果各方面的内容都能够理解，那就可能是一幕单调乏味、令人厌恶的景象，与北方故国的美好适成最大的反差。海南变成了中古时代的"恶魔岛"，但是远非卡宴岛（Cayenne）可比。德雷福斯上尉（Dreyfus）的遭遇在这里已有先例。[1]

然而，在敏感的人的心目中，海南岛是否有可能呈现出相反的形象呢？有没有人把海南岛想象成天堂岛，也就是幸福岛[2]之一？甚至想象成"太平洋上的天堂"，就如现代的夏威夷一样？材料表明，他们确实这样想象过——至少有些人希望在这里找到这是一座四面环海的伊甸园的迹象。我们已经注意到卢多逊和苏轼两人犹疑不定的乐观主义态度。

世界上很多地方的人，都会在他们居住的大陆周边的广阔大海中寻找天堂之岛。科斯马斯·印第科普莱特斯（Kosmas

1　译注：卡宴岛是法属圭亚那的首府，在19世纪50年代至20世纪40年代是法国政治犯和重犯的流放中心地。其间约有8万名犯人死于此处，因而得名"恶魔岛"。德雷福斯上尉即阿尔弗雷德·德雷福斯，法国犹太裔军官，19世纪末因为一起政治事件而被误判为叛国罪，并押往恶魔岛服刑。

2　译注：幸福岛（the Isles of the Blest）是天堂中心的三座神岛。只有重生三次均能进入天堂者才有资格在此居住。据称，它位于地球西边，这里没有黑夜，只有很少一部分人在此居住。例如希腊神话的阿喀琉斯（Achilles）死后就到了这里。

Indikopleustes）认为，被海洋包围着的亚特兰蒂斯岛，就是《圣经》里说的天堂。[1]14世纪，方济各会修士马黎诺里[2]相信锡兰岛就是伊甸园，甚至在今天，锡兰岛中部的一座山峰仍然拥有"亚当峰"的名字。[3]因为按照穆斯林的说法，这儿就是亚当从天堂被驱逐到人间的落脚点。另一些人把幸运岛定位在西海之中，赫斯珀里得斯（Hesperides）[4]在那里的金苹果园中高兴地歌唱。有些人则醉心于极北的乐土之民，或是极南的无罪之黑人，但是大部分西方人还是相信天堂在东方，"……上帝创世的第四天，旭日初升，阳光最先洒在这片土地上"[5]。今天，我们把新几内亚岛那群珍贵的鸟类命名为天堂鸟，仍要归功于这种神圣的信仰。[6]

事实上，存在金果和珍禽，就是判断天堂的根据。这一点，早期中国与其他地方的看法是一样的，甚至中国还要更明显一些。对于古代中国人来说，无论他们是把神祇住所置于世界之巅

1　斯普拉格·德坎普（L. Sprague de Camp）、威利·雷（Willy Ley）《超越大地》，纽约、多伦多：1952，页12。
译注：科斯马斯·印第科普莱特斯（Kosmas Indikopleustes），这个名字来自希腊语，直译过来就是"去过印度的航海家科斯马斯"。
2　教皇使节马黎诺里的旅程，可见玉尔《东域纪程录丛》的研究。
3　斯普拉格·德坎普、威利·雷《超越大地》，纽约、多伦多：1952，页312。
4　译注：赫斯珀里得斯（希腊文：Ἑσπερίδες；拉丁文：Hesperides），是希腊神话中看守极西方赫拉金苹果圣园的仙女，她们歌声嘹亮，主要由三位姐妹组成。赫斯珀里得斯在希腊文中的意思则是"日落处的仙女"。
5　斯普拉格·德坎普、威利·雷《超越大地》，纽约、多伦多：1952，页310—311。
6　斯普拉格·德坎普、威利·雷《超越大地》，纽约、多伦多：1952，页312。

亦即西方的昆仑山，还是置于东海的三座神山仙岛，抑或是天上地下的其他地方，它们总会有金光闪闪的花园，天使般的白色动物在青绿色的湖边闲逛，熠熠闪光的树下，玉叶珠实簌簌作响，宛如天籁，冰清玉洁的仙女在水晶宫内欢乐地歌唱。这里的一切都是洁净明亮的，不锈不蚀，就像贵金属和宝石一样。[1]

是否有初步证据表明海南岛是这样一块神圣的宝地，或者至少是通往天堂的前厅或绿色通道，而且，显示它这种身份的表征还能被那些理解它的人所看见呢？事实上，这种证据是有的。它不是自古以来就被称为"珠崖"吗？这肯定是有原因的。另外，还有其他一些不太有影响的地名，也证实这里的珍贵物产很丰富。例如，汉代紫贝县就因珍稀的贝类而得名，其美丽的贝壳在热带地区被用作法定货币；[2]还有玳瑁县，也是因优良的龟甲得名，它们在中古时期是用来装点贵族的家具陈设的。[3]千年之后的宋代，这个命名传统以及这些诱人的物产仍然起着很大作用："山（即'岛'）出珠、犀、玳瑁，故号朱崖。"[4]所以，苏轼能够

---

1 《列子》卷5《汤问篇》，页4a—4b；《史记》卷6，页0024d—0025a，卷28，页0115a；拙撰《贯休游仙诗中的矿物意象》，《亚洲研究》，第10期（1963），页82—86、89、93—97、99—101。

2 拙著《朱雀》，页420。

3 这些名字，请参见《太平寰宇记》卷169，页15a。

4 《琼管志》中所引的《平黎记》，见《舆地纪胜》卷127，页4a。

将其贬所之后的山看作潜在的玉石之地（既是字面义，也是隐喻义），完全不是无用的废石，如他这一联诗所写：

君看道傍石，

尽是补天余。[1]

诗人的意思是，这座神秘的海岛上随处可见的这种微蓝的路边石，很可能就是那位几乎被人遗忘的古代女造物者——女娲补天残留下来的石头。这些疑似天之弃余的东西，恰好表明海南和天堂很接近。

最重要的是，海南与神石的关系还能在以"琼"为名的表述中找到，此名早期用来指汉人在海岛北部聚居的那片著名的丘陵地区，后来又扩展成为唐代一个重要州县的名称。下面为宋代早期的解释：

琼之取义，盖琼山县奉化乡有琼山、白玉二村。土石皆白，似玉而润，种薯其上特美，所产槟榔，其味尤佳，意者其石如琼瑶耳。[2]

1　苏轼《儋耳山》，《苏东坡集》，第10册，卷2，页64。
2　《图经》，见《舆地纪胜》卷124，页7a—7b。

在中古时期的文本中，这些词语都是有古意的，也相当有诗意，表示最令人难以忘怀的宝石、迷人的古珠宝，还隐喻所有神仙一般的美好事物。然而，它们特殊的身份早已被人遗忘。在上古周代文本中，有"琼弁"[1]和"琼琚（玖）"[2]，显然是指镶有宝石的帽子和佩玉。但是，它们是由哪些矿物组成的却不得而知。不管怎么说，唐代有些人认为，它是一种红石[3]——我们要把它当成玫瑰水晶、蔷薇辉石，还是红玉髓？不管怎样，它在中古的形象就是粉红色或肉红色的宝石。而且，所有古诗读者都熟知"琼山"意即"赤玉之山"：

　　　　大梁之黍，

　　　　琼山之禾。

　　　　唐稷播其根，

　　　　农帝尝其华。[4]

　　唐代注家李善认定此诗中的"琼山"就是昆仑神山，那里宝

1　《左传·僖公二十八年》。
2　《诗经·卫风·木瓜》。
3　《说文系传》。段玉裁认为"赤"（红的意思）是"亦"字，形近致误。但是，不管是对还是错，反正中古早期接受的是"赤"的意思。
4　张协《九命》，《六臣注文选》卷35。

石般的植物欣欣向荣。[1]海南新"琼山"的命名者很有可能就是依据李善这个观点。无论如何,对于京城负责命名的人来说,海南已经变成(无疑是委婉的说法)自古就有的宝石之山,人们相信这是进入神秘仙境之前的金碧辉煌的门面,是抵达奇妙的神仙之宫的通道或门厅。

还有其他材料可以印证。1079年,"甘露"降于遥远的琼州,而不是京师。甘露表示上天对于朝廷统治海南的认可,虽然甘露究竟是什么还没弄明白。[2]甚至更重要的是,在苏轼贬谪的那个年代,海南岛常年栖息着"五色雀"——这种鸟全身有五种色彩,传说是神仙的信使。这无疑意味着海南岛是这群超自然生物的常住地!在那首为庆祝神鸟出现而写的诗作的序中,诗人说,五色雀群鸟之长叫作"两绛",大概是由于此鸟羽色更亮,又说俗人称之为"凤凰"。据说只要它出现,就预示大旱之后将有甘霖,但是,这种鸟在海南随处可见,因此下雨总是可能的。有只明灿灿的五色雀栖止于苏轼在儋耳城南的住处。他写了这首诗作为纪念:

> 粲粲五色羽,
> 炎方凤之徒。

---

1 把琼山的如珠之禾与《山海经》提到的昆仑奇禾联系起来。
2 《宋史》卷15,页4524d。

青黄缟玄服，

翼卫两绂朱。

仁心知闵农，

常告雨霁符。

我穷惟四壁，

破屋无瞻乌。

惠然此粲者，

来集竹与梧。

锵鸣如玉佩，

意欲相嬉娱。

寂寞两黎生，

食菜真臞儒。

小圃散春物，

野桃陈雪肤。

举杯得一笑，

见此红鸾雏。

高情如飞仙，

未易握粟呼。

胡为去复来，

眷眷岂属吾。

回翔天壤间，

何必怀此都。[1]

　　这首诗需要加上注解。对苏轼来说，这只艳丽的鸟既是幸福预兆（或许就是预兆他的赦免和北归！），也是欢快的邻居和小伙伴。这首诗前四句是描写这只鸟的，虽然我还无法确认这是什么鸟。接下来的四句则赞美了它的仁心——晦气的乌鸦没有出现在他的屋脊上，取而代之的是祥瑞的五色雀！神鸟"凤凰"只吃竹子和梧桐——俗人把它称为"凤凰"，也许没有错认！它那悦耳的鸣叫声有如来自天庭，来自神界，仿佛降尊纡贵，与"我"嬉娱。两个"黎生"是特别的一对，他们都是受过教育的原住民，照顾过贬谪海南的苏轼。他们如同周代的儒者，生活节俭，远离肉食，正如也被迫接受这样的生活方式的苏轼一样。不过，这里花卉果蔬之美恰可作为补偿（野桃洁白的表皮，使人联想到三百多年前杨贵妃美丽的肌肤）。"红鸾雏"即南方的瑞鸟朱雀，苏轼此时正谪居南方。"握粟"指的是古代持粟向鸟问卜的习俗——很显然，苏轼觉得自己会有好运。最后一句的"都"（都市）字，是具有讽刺意味的，或者给人以希望的——这个词与他

1　苏轼《五色雀》，《集注分类东坡诗》卷13，页11a—11b。参见《舆地纪胜》卷124，页9a。

住的荒村并不太相符。如果神鸟在这里盘旋不走，那么诗人很快就会回到首都！

苏过步其父之韵，写了一首同样主题的诗歌，也是庆贺海南神鸟的意外光临，仿佛海南就是一座幸福之岛。诗中称：

> 海南夷獠窟，
>
> 安得此异雏。
>
> 似为三足使，
>
> 仙子傥见呼。[1]

这里的红鸟是三足太阳鸟的后代，而且本身就是南方神鸟朱雀的化身。它的出现也使这座神岛的仙人很高兴。中原人不是很了解岛屿，对他们来说，一切都是那么奇妙，海南也不例外。

12世纪有一部著名的书，其出版时间已超过本书的讨论范围，但内容完全与前代文献相一致。书中讲道，海南内陆山脉中，有个高海拔的山坡与世隔绝，"或见尖翠浮空，下积鸿濛"，这里住着一群人，异常长寿，日子过得极为闲适。作者还表示，这与中国古代传说中快乐的长寿老人居住在遥远而幸福的山村的

1　苏过《五色雀和大人韵》，《斜川集》卷1，页3a—3b。

状况很是相似。[1]事实上，苏轼在海南期间写了大量和陶诗，弘扬陶渊明这位古代大师的桃花源理想。在这个乌托邦世界中，人人生活恬静，与世无争，而且比庸庸碌碌的凡夫俗子要长寿得多。长生不老最容易在与世隔绝的乡野环境下修炼成功，这种观念将海南与那些传说中的天堂联系起来。这些天堂中国人一般都很熟悉，大多是由道教徒虚构出来的。

甚至唐代诗人吴武陵就有类似的描写。他是最早发现南越季风林野之美的。他曾把广西黎人四季红花遍布的风光，比作昆仑山的珊瑚园，[2]而昆仑山则是大陆上与海南岛这个岛屿天堂相对应的地方。此外，"洞"这个词是华人用来指极南之地所有原住民的偏远聚居点（不管是否穴居），既有广西石灰岩山洞，也有海南花岗岩和石英岩洞。其言下之意不可避免地指向"洞天"，而那些地下福地只有地道的道教信徒才能进入。

但是，尽管海南与岩石嶙峋的昆仑明显相似，它终究是一座岛。因此，它最像那个被波浪拍打的海上伊甸园——"蓬莱"。从很早很早的时代起，蓬莱就是人们追求仙境般的自由和安宁的目的地，但是没有人确知它的具体位置，也没人知道如何才能

---

1 《岭外代答》卷1，页6。
2 拙著《朱雀》，页523—524。

抵达这里。有人说，蓬莱岛的银阙是巨龟用背驮着的[1]——若如此，其位置就不是固定不变的。也有人说，只有脱胎换骨、羽化成仙、掌握飞行之术的，才能抵达这片金沙之地[2]——总之，大部分凡夫俗子是到不了这个地方的。公元前2、3世纪，伟大帝国的海上求仙远航明显失败了，尽管如此，人们还是希望凡胎俗骨也可能前往蓬莱。这个光彩四溢的边远之地，很可能就在海南——古代中国人知道的东海唯一大岛。

唐代时，严维按照惯例，写诗题赠一位将赴儋州的朋友，建议他无论前景多么绝望，都要尽快适应所谓的"南荒"之地，就算在路上遇到危险的怪物，只要最终抵达目的地，就会柳暗花明：

> 魑魅曾为伍，
> 蓬莱近拜郎。[3]

穿过鬼怪栖息的热带丛林，赫然见到那座神岛——除了海南，还会有其他地方吗？但是，大多数人对海南心存恐惧，形成

1　郭璞《元中记》，页10。
2　东方朔《海内十洲记》，页4a。
3　严维《送李秘书往儋州》，《全唐诗》卷263。

心理障碍，很难把它看成天堂的前厅。不过，还是有人承认海南并不如通常描绘得那么糟糕。10世纪就有人说："朱崖水土无他恶。"还说有些地方虽然离故乡更近，其实更糟糕。[1]即便最有名的贬谪文人苏轼，也能找到一点为海南说好话的理由，尽管他并非海南的热心鼓吹者：

食无肉，

出无友，

居无屋，

病无医，

冬无炭，

夏无寒泉，

……

夏无蝇蚋，尤可喜也。[2]

1　有关卢多逊之贬，参看《舆地纪胜》卷127，页4a、7a，

2　引文见《舆地纪胜》卷124，页6a。参见林语堂《苏东坡传》，纽约：1947，页374，林对引文的解释是有误导性的。

译注：林语堂所引："此间食无肉，病无药，居无室，出无友，冬无炭，夏无寒泉，然亦未易悉数，大率皆无尔。惟有一幸，无甚瘴也。"这是正确的。薛爱华所引最后一句其实是《琼管志》作者的评论，非苏轼语。

这是一个见多识广的城里人说的话，虽然对所处环境颇不满意，但还没有厌恶。诗人并不喜欢"异国情调"，这一点跟同时代的其他人并无两样。苏轼能够平心静气地欣赏热带之美。这样一种妥协，逐渐发展成愉快的逃避，其基础是他相信贬谪只是暂时的。由于苏轼不畏惧也不鄙视海南岛，他才有可能去寻找那些揭示其真实身份的超自然迹象，而这一景象是那些鄙视海南的贬谪者所无法看到的。苏轼在下文引录的这首诗的序中，披露了自己的想法。坐在从琼州到新住所儋州的轿子中，他打了个盹，梦见千变万化的高山低谷，里面充满着各种神仙怪物，环绕着奇怪的音声，醒后发现外面下着大雨，所以"戏作此数句"：

> 四州环一岛，
>
> 百洞蟠其中。
>
> 我行西北隅，
>
> 如度月半弓。[1]
>
> 登高望中原，

1　吉川幸次郎（吉川幸次郎著、华兹生译《宋诗概说》，马萨诸塞州剑桥市：1967，页104）说，苏轼描绘他沿着海南西北岸行走的新月形路线时，信手拈来，使用了一个新的比喻。然而，唐太宗诗（正如上书注释所示）已把上弦的弓比喻成半亏之月，苏轼只不过是把这个意象用来比喻沿着凸出海岸行走的路线而已。

但见积水空。

此生当安归，

四顾真途穷。

眇观大瀛海，

坐咏谈天翁。

茫茫太仓中，

一米谁雌雄。

幽怀忽破散，

永啸来天风。

千山动鳞甲，

万谷酣笙钟。

安知非群仙，

钧天宴未终。

喜我归有期，

举酒属青童。

急雨岂无意，

催诗走群龙。

梦云忽变色，

笑雷亦改容。

应怪东坡老，

颜衰语徒工。

久矣此妙声，

不闻蓬莱宫。[1]

　　读者在这里无疑会看到：宋代海南的四个州（琼、儋、崖、万安），包围着避居高地的原住民，却被无尽的海天所阻，与黄河流域（代表看上去无法归返的故国）相隔绝。诗人如茫茫旷野的一粒微尘，他跟随梦中不断变换的愉快场景，与自己的孤立隔绝达成了和解。无论如何，住在群龙（雨神）之间，与蓬莱仙境的神仙乐师做伴，他是足够幸运的。苏轼诗中并没有认为与这些神仙精怪相处是件丢人的事。他的话不只是戏语：致命的季风海岸终究是这座水晶宫殿的边房，而尘世的都市，作为人类文明的中心，今天还是人人向往的地方，则不过是龌龊之地而已。什么！诗人认为，生命可以在这里重生！

　　将要离开海南的时候，苏轼进一步意识到海南是有神灵存在的。他写了一篇碑文，感谢在他贬所附近那座山的守护神。碑文的序中勾勒出古代宝物的历史，此类国宝有周代的琬琰大玉、鲁国的璜，两者都能守护社稷，使人民安居。他回忆说，唐代有比

1　苏轼《行琼儋间，肩舆坐睡。梦中得句云：千山动鳞甲，万谷酣笙钟。觉而遇清风急雨，戏作此数句》，《苏东坡集》，第7册，卷6，页76—77。

丘尼得到上帝赐予的八宝，而正如我们所知，为纪念此事，皇帝宣布改元"宝应"。[1]苏轼曾经住在一座峭壁旁边，那岩石形状像个戴帽子的人坐在那里，正在眺望南海。现在，他相信这块岩石也是上帝所赐，而且这个神之宝物同样值得致敬。苏轼简单叙述了它的故事。黎人把它称作"胳膊"。[2]10世纪，南汉皇帝把它封为"镇海光德王"。五代末期，有个本地的望"气"专家说这块山岩有"宝气"出现。因此，大批原住民乘船来到山脚下，准备挖山掘宝。但是，突然而来的一场风暴把他们全部消灭了。很明显，这是对他们企图掘取"上帝赐宝""以奠南极"的亵渎之举的惩罚。1082年，宋朝又赐予此岩一个新的封号："峻灵王"。此时，在谪居海南三年之后，苏轼对石神及其隐藏的宝物满怀感激："饮咸食腥，凌暴飓雾而得生还者，山川之神实相之！"他最后用几句话把多项奇迹与神山关联起来：山池中有紫鳞之鱼，里人不敢犯；如果摘走石峰上的荔枝和黄柑，就会有风云之变。因此，苏轼认为海南岛其实就是天堂在人间的前哨据点，"方壶蓬莱此别宫"。[3]

1　事情的来龙去脉，请参见拙撰《年号的起因》，《美国东方学会杂志》，第85期（1965），页543—550。
2　但是《舆地纪胜》写的是"落膊"。
3　苏轼《峻灵王庙碑》，《苏东坡集》，第9册，卷15，页22。10世纪，这种不可触犯的黄柑和紫鳞是很有名的。参见《太平寰宇记》卷169，页10b。

贬谪文人都会发现，无论他们所处的是什么样的地狱，要寻找灵魂的安全和内心的平静，都有必要创造一个天堂，这是不可避免的。为了有助于这种创造性的活动，他们要利用传统诗歌和宇宙起源说之中的各种丰富的意象储藏。在适当的时候，这些丰富的文化涂层（对这些开创者来说，这种涂层会更多）是由令人赏心悦目的传统建立起来的，它会与真实的景象融合在一起。所以，数世纪之后的追随者继承的是可以接受的、已受同化的景象，而不是那个荒芜可怕的环境。因此，把海南想象成伊甸园的工作仍会持续，甚至还会加快脚步。

在中国历史上，"蓬莱"这个神奇的名字时不时就会出现，指的是各种受人喜爱的园林、后花园、启发灵感的步道，这些地方通常都有充分的命名理由。最有名的例子来自唐代。高宗把长安的大明宫改名为"蓬莱宫"，将大明宫可爱的建筑和园林看作是那座远在太平洋的神岛上的建筑和园林。山东登州设立蓬莱镇，也是在7世纪，这个地方恰好朝向人们想象之中的神岛所在。[1]

所以，得知宋代海南所产沉香有一种在市场上被叫作"蓬莱香"，也就不足为奇了。[2]尽管这种沉香块的商品名称，最初主要指其像山一样的形状，但无论卖家还是买家，都不可能忽略这座

1　广西和四川也有蓬莱，湖北也有座蓬莱山。

2　《桂海虞衡志》，页8b；《岭外代答》卷7，页71。

神话中漂移于海上的仙山与海南岛的联系。

在20世纪，靠近海南东北部的文昌市边上有座集市，建在黑色玄武岩的红绿风化层上。[1]它叫作蓬莱。这个地名遗迹并没有给我们呈现后世的浪漫色彩，就如苏轼给我们留下的丰富想象一样。不过，无论如何萎缩，这种想象仍然没有在今天完全消失："海南南岸有舒适的沙滩、宜人的温暖冬阳和凉爽的夜晚。未来这里将成为中国劳动人民的里维埃拉。"[2]

诗歌形象的生命，比诗歌创造者更长，也比诗歌创造者的世界更长，然而，无论哪个时代的人，谁能说得清，它们是贫瘠如石，还是富饶如田呢？华莱士·史蒂文斯说过：

> 然而解体的形象还未碎裂。
>
> 它们有，或也许有，璀璨的皇冠，
>
> 玲珑的珠宝。[3]

1 李承三《广东海南岛北部地质和矿产资源的初步调查》，《两广地质调查所年报》卷2，第1期（1929），页66。
2 邱茉莉《海南：觉醒的乐园》，页39。该书作者本人曾在1963年到过海南。
译注：里维埃拉（Riviera），地中海沿岸区域，包括意大利的利古里亚海岸和法国的蓝色海岸，这里全年阳光充足，是著名的避寒胜地。
3 华莱士·史蒂文斯《银镜金女》。

征引文献目录

一、原始文献（按书名汉语拼音音序排列）

《白氏长庆集》（"四部丛刊"本）

段公路《北户录》（"丛书集成初编"本）

孙光宪《北梦琐言》（"丛书集成初编"本）

《北史》（开明书局本）

李时珍《本草纲目》（鸿宝斋本）

陈藏器《本草拾遗》

唐慎微《重修政和经史证类备用本草》

《初学记》

杜宝《大业拾遗录》

《东坡题跋》（"津逮秘书"本）

《东坡志林》（"学津讨原"本）

苏鹗《杜阳杂编》

范正敏《遁斋闲览》（涵芬楼"说郛"本）

《方舆志》

《广韵》

郭义恭《广志》（"玉函山房辑佚书"）

范成大《桂海虞衡志》（《秘书廿一种》本）

东方朔《海内十洲记》（"宝颜堂秘笈"本）

《汉书》（开明书局本）

《后汉书》（开明书局本）

《集注分类东坡诗》（"四部丛刊"本）

《交广春秋》

刘欣期《交州记》

《晋书》（开明书局本）

《旧唐书》（"四部备要"本）

《郡国志》

惠洪《冷斋夜话》（"丛书集成初编"本）

《李卫公会昌一品集》（"国学基本丛书"本）

《梁书》（开明书局本）

《列子》

《林邑记》

刘恂《岭表录异》（"丛书集成初编"本）

孟琯《岭南异物志》（见《太平广记》）

周去非《岭外代答》（"丛书集成初编"本）

《六臣注文选》（"四部备要"本）

王充《论衡》

《名胜志》

《明一统志》

陈岘《南海志》

吴兰修《南汉地理志》（"丛书集成初编"本）

吴兰修《南汉金石志》

刘谊《平黎记》

朱彧《萍州可谈》（"百川学海"本）

《琼管志》

《琼州府志》（1920）

《全唐诗》

洪迈《容斋随笔》（"国学基本丛书"本）

《三国志》（开明书局本）

《山海经》（"四部丛书"本）

梁载言《十道志》（《汉唐地理书钞》本）

吴任臣《十国春秋》

《史记》（开明书局本）

《诗经》

祝穆《事文类聚》

任昉《述异记》（"汉魏丛书"本）

郦道元《水经注》（"四部备要"本）

徐锴《说文系传》

《宋史》（开明书局本）

《宋书》（开明书局本）

《苏东坡集》（"国学基本丛书"本）

《苏文忠公诗合注》（1795）

《隋书》（开明书局本）

孙升《孙公谈圃》（"百川学海"本）

《太平寰宇记》

真人元开《唐大和尚东征传》（《群书类丛》本）

《唐书》（"四部备要"本）

王谠《唐语林》（"丛书集成初编"本）

杜佑《通典》（开明书局本）

房千里《投荒杂录》

《图经》

张勃《吴地理志》（《汉唐地理书钞》本）

苏过《斜川集》（"知不足斋丛书"本）

段成式《酉阳杂俎》（"丛书集成初编"本）

王象之《舆地纪胜》

李吉甫《元和郡县志》

郭璞《元中记》

王定保《摭言》（"四部备要"本）

《庄子》

司马光《资治通鉴》（东京：1892）

《左传》

二、二手文献（按作者姓名英文拼写顺序排列）

Benedict, P.K.　白保罗

"A Cham Colony on the Island of Hainan," （《海南岛上的一个占婆聚居地》）, *Harvard Journal of Asiatic Studies*, Vol.6 (1941), 129-134.

Boase, F.　弗雷德里克·博厄斯

Modern English Biography, （《现代英语传记》）Vol. 3

Burkhill, I. H.　柏克希尔

A Dictionary of the Economic Products of the Malay Peninsula （《马来半岛经济作物辞典》）, (London, 1935).

Calder, J.　柯尔达

"Note on Hainan and its Aborigines," （《略论海南及其原住民》） *China Review*, Vol. 11(1882), 42-50.

Ch'en Jung　陈嵘

Chung-kuo shu-mu fen-lei-hsüeh （《中国树木分类学》）, (Shanghai,

1957).

Cheng Tso-hsin 郑作新

China's Economic Fauna: Birds(《中国经济动物志——鸟类》) (U.S. Department of Commerce, Office of Technical Services, Joint Publications Research Service, Washington, D.C., 1964).

Clark, Leonard 克拉克

"Among the Big Knot Lois of Hainan; Wild Tribesmen with Top-knots Roam the Little-known Interior of This Big and Strategically Important Island in the China Sea," (《海南大髻黎：海南岛内陆头绾大髻的原始部落》), *National Geographic Magazine, September*, 1938, 391-418.

De Camp, L. Sprague and Willy Ley 斯普拉格·德·坎普和威利·雷

Lands Beyond(《超越大地》) (New york and Toronto, 1952)

Duyvendak, J.J.L. 戴闻达

"Review of H. Stubel, Die Li-Stamme der Insel Hainan", (《评史图博〈海南岛黎族〉》), *T'oung Pao*,Vol. 35 (1939), 404-407.

Fairfax-Cholmeley, Elsie 邱茉莉

"Hainan: Awakening Paradise，" (《海南：觉醒的乐园》)*Eastern Horizon*, Vol. 2, No. 14 (December, 1963), 35-42.

Fenzel, Gottlieb 芬次尔

"Die Insel Hainan: Eine landeskundliche Skizze, dargestellt auf Gr-

und eigener Reisebeobachtungen und des vorhandenen Schrifttums,"

(《海南岛：基于旅行观察与现有文献的速写》) *Mitteilungen der geographische Gesellschaft München*, Vol. 26 (1933), 73-221.

Giles, Herbert A.　翟理斯

Chuang Tzu: Mystic, Moralist, and Social Reformer《庄子：神秘主义者、伦理学家、社会改革家》(London, 1889)

Groff, G. W., Edward Ding, and Elizabeth H. Groff　高鲁甫、爱德华丁、伊丽莎白

"An Enumeration of the McClure Collection of Hainan Plants,"(《莫古礼采集的海南植物一览》) *The Lingnaam Agricultural Review*, Vol. 1, No. 2 (June, 1923), 27-86.

"An Enumeration of the McClure Collection of Hainan Plants," (《莫古礼采集的海南植物一览》) *The Lingnaam Agricultural Review*, Vol. 2, No. 1 (July, 1924), 9-43.

"An Enumeration of the McClure Collection of Hainan Plants," (《莫古礼采集的海南植物一览》) *The Lingnaam Agricultural Review*, Vol. 2, No. 2 (February, 1925); Vol. 3, No. 1(October, 1925), 18-34.

Henry, B. C.　香便文

Ling-Nam; or, Interior Views of Southern China; including explorations in the hitherto untraversed island of Hainan(《岭南纪行》) (London,

1886).

Hinckley, F. Lewis　欣克利

Directory of the Historic Cabinet Woods（《历史上的家具木材指
南》）(New York, 1960).

Hirth, Friedrich　夏德

"Die Insel Hainan nach Chao Ju-kua,"（《赵汝适论海南岛》）*Fest-
schrift für Adolf Bastian zu seinem 70. Geburtstage (Berlin,* 1896).

Hirth, Friedrich, and W. W. Rockhill　夏德、柔克义

1966 *Chau Ju-kua: His work on the Chinese and Arab trade in the
twelfth and thirteenth centuries, entitled Chu-fan-chî,*（《诸蕃志译
注》）(New York, 1966; reprint of St Petersburg, 1911 edition).

Ho Ko-en　何克恩（音）

"The Tanka or Boat People of South China,"（《华南疍家（船民）》）
in F. S. Drake, ed., *Symposium on Historical Archaeological and Lin-
guistic Studies on Southern China, South-East Asia and the Hong Kong
Region* (Hong Kong, 1967), 120-123.

Hung Ch'i-Sun　洪齮孙

"Pu Liang chiang yü chih,"（《补梁疆域志》）*Erh shih wu shih pu
pien,* Vol.4 (K'ai ming ed.,1935).

Laufer, Berthold　劳费尔

"The Lemon in China and Elsewhere,"（《中国及其他地方的柠檬》）

Journal of the American Oriental Society, Vol. 54(1934), 143-160.

Lee Cheng San　李承三

"A Preliminary Report on the Geology and Mineral Resources of the Northern Part of Hainan Island of Kwang tung," (《广东海南岛北部地质和矿产资源的初步调查》) *Liang-Kwang Ti-chih-tiao-cha-so (The Geological Survey of Kwangtung and Kwangsi) Annual Report*, Vol. 2, No. 1(1928-1929), 61-93.

Le Gros Clark, Cyril Drummond　李高洁

Selections from the works of Su Tung-po (《苏东坡作品选》) (London, 1931)

The Prose-Poety of Su Tung-po (《苏东坡赋》) (Shanghai, 1935)

Lin Yutang　林语堂

The Gay Genius; The Life and Times of Su Tungpo (《苏东坡传》) (New York, 1947)

McClure, F. A.　莫古礼

"Notes on the island of Hainan," (《海南岛札记》) *The Lingnaam agricultural review*, Vol. 1, No. 1 (December, 1922), 66-79.

"Some Observations of a Plant Collector on the Island of Hainan," (《一个海南岛植物采集者的些许观察》) *Ohio Journal of Science*, Vol. 25(1925), 114-118.

"The Lingnan University Third and Fourth Hainan Island Expeditions," (《岭南大学第三、第四次海南岛之考察》) *Lingnan Science Journal*, Vol. 12 (1933), 381-388.

"The Lingnan University Fifth Hainan Island Expedition," (《岭南大学第五次海南岛之考察》) *Lingnan Science Journal*, Vol. 13 (1934), 163-170.

"The Lingnan University Sixth and Seventh Hainan Island Expeditions," (《岭南大学第六、第七次海南岛之考察》), *Lingnan Science Journal*, Vol. 13 (1934), 577-601.

Madrolle, Claudius　马特罗列

"L'Ile d'Hai-nan," (《海南岛》) *Revue economique francaise (Bulletin de la Société de Géographie Commerciale)*, Vol. 20 (Paris, 1898), 361-370.

《法国经济评论》(《商贸地理协会会刊》)，卷20，巴黎：1898，361—370页。

Mayers, WM. Frederick　梅辉立

"A Historical and Statistical Sketch of the Island of Hainan," (《海南岛的历史和数据梗概》) *Journal of the North China Branch of the Royal Asiatic Society, n.s.* Vol. 8 (1871-1872), 1-23.

Merrill, E. D.　梅乐尔

"An Enumeration of Hainan Plants," (《海南植物详表》) *Lingnan Science Journal*, Vol. 5 (1927-1928), 3-186.

Mo Chih　莫稚

"Kuang-tung Hai-nan-tao yüan-shih wen-hua i-chih," (《广东海南岛原始文化遗址》) *K'ao-ku hüseh-pao*, 1960, No.2, pp. 121-131.

Mus, Paul　保罗·慕斯

"Review of F. M. Savina, Monographie de hainan," (《评萨维纳〈海南岛志〉》) *Bulletin de l'Ecole Française d'Extrême-Orient*, Vol.30 (1930), 436-444.

Odaka, Kunio　尾高邦雄

Economic Organization of the Li Tribes of Hainan Island (《海南岛黎族的经济组织》) (New Haven，1950).

Ou-yang Cheüh-ya and Cheng I-ch'ing　欧阳觉亚、郑贻青

"A brief description of the Li language," (《黎语概况》) *Chung-kuo yü-wen*, 126 (October, 1963), 432-441.

Parker, E. H., and C. Ford　庄延龄、福特

"The Flora of Hainan," (《海南植物志》) *China Review*, Vol. 20 (1892-1893), 167-168.

Pelliot, Paul　伯希和

Notes on Marco Polo, (《马可·波罗注》) Vol. 24 (1924), 215-223.

Pope, Clifford H.　克利福德·波普

"Hainan," (《海南》) *Natural History*, Vol. 24 (1924), 215-223.

Ripley, S. Dillon, and The Editors of Life　李普利、时代生活丛书编辑

The Land and Wildlife of Tropical Asia(《热带亚洲：陆地和野生动植物》)(New York, 1964).

Sandal-Wood　桑达尔-伍德

"The Capture of Lee Stockade," (《黎地写实》) *China Review*, Vol. 19 (1891-1892), 387-394.

Savina, M.　萨维纳

Monographie de hainan (《海南岛志》) (Cahiers de la Société de Géographie de Hanoi, No. 17, Hanoi, 1929)

"Lexique ày-Franc?ais; accompagné d'un petit lexique Franc?ais-ày et d'un tableau des différences dialectales," *Bulletin de l'Ecole Française d'Extrême-Orient*, Vol.31 (1931), 103-199.

Schafer, Edward H.　薛爱华

"The Pearl Fisheries of Ho-p'u," (《合浦采珠业》) *Journal of the American Oriental Society*, Vol. 72 (1952), 155-168.

The Empire of Min (《闽帝国》)，(Rutland and Tokyo, 1954).

The Golden Peaches of Samarkand: A Study of T'ang Exotics(《撒马尔罕的金桃：唐代舶来品研究》)(Berkeley and Los Angeles, 1963).

"Mineral Imagery in the Paradise Poems of Kuan-hsiu," (《贯休游仙诗中的矿物意象》)，*Asia Major*, Vol. 10 (1963), 73-102.

"The Idea of Created Nature in T'ang Literature," (《唐代文学中的造物者概念》) *Philosophy East and West*, Vol. 15 (1965), 153–160.

"The Origin of an Era," *Journal of the American Oriental Society*, Vol. 85（1965）, 543–550.

The Vermilion Bird: T'ang Images of the South（《朱雀：唐代的南方意象》）(Berkeley and Los Angeles, 1967).

Schafer, Edward H., and B. E. Wallacker　薛爱华、沃拉克

"Local Tribute Products of the T'ang Dynasty,"（《唐代土贡研究》）, *Journal of Oriental Studies*, Vol. 4 (1957-1958), 213-248.

Stübel, H., and Li, Hua-min　史图博和李化民

"Vorläufiger Bericht über eine ethnologische Exkursion nach der Insel Hainan,"（《海南岛人类学田野调查初期报告》）*Jubiläumsband herausgegeben von der Deutschen Gesellschaft für Natur- und Völkerkunde Ostasiens*, Vol. 1 (Tokyo, 1933), 133-144.

Stübel, Hans, and P. Meriggi　史图博、梅里奇

Die Li-Stämme der Insel Hainan; Ein Beitrag zur Volkskunde Südchinas（《海南岛黎族：对华南民族学的贡献》）, (Berlin, 1937).

Swinhoe, Robert　郇和

"On the Cervine Animals of the Island of Hainan (China),"（《海南似鹿动物研究》）*Proceedings* of the Scientific Meetings of the Zoological Society of London for the year 1869, pp. 652-660.

"List of Reptiles and Batrachians collected in the Island of Hainan (China), with notes,"（《海南爬行类和无尾两栖类动物的采集清

单以及注解》) *Proceedings* of the Scientific Meetings of the Zoo-
logical Society of London for the year 1870, pp. 239-241.

"On the Mammals of Hainan," (《海南的哺乳动物》) *Proceedings*
of the Scientific Meetings of the Zoological Society of London for
the year 1870, pp. 224-239.

"On the ornithology of Hainan," (《海南鸟类学》) *The Ibis*, Vol.6
(1870), 77-97, 230-256, 342-367.

"The aborigines of Hainan," (《海南的原住民》) *Journal of the
North China Branch of the Royal Asiatic Society*, n.s Vol. 7 (1871-
1872), 25-40.

"Narrative of an exploring visit to Hainan," (《记海南的一次考察》)
Journal of the North China Branch of the Royal Asiatic Society, n.s Vol.
7 (1871-1872), 41-91.

Takakusu, J.　高楠顺次郎

"Aomi-no Mabito Genkai (779), Le Voyage de Kanshin en Orient
(742-754)," *Bulletin de l'École française d'Extrême-Orient*, Vol. 28
(1928), 1-41, 441-472; Vol. 29 (1929), 47-62.

Tate, G. H. H.　乔治·汉密尔顿·泰特

Mammals of Eastern Asia (《东亚哺乳动物》), (New York, 1947).

Tchang, Mathias　张璜

Synchronismes chinois (《欧亚纪元合表》), (Variétés Sinologiques,

No. 24, Shanghai, 1905).

Tsunoda, Ryūsaku　角田柳作

Japan in the Chinese Dynastic Histories（《中国正史中的日本》）
(Perkins Asiatic Monographs, No 2, South Pasadena, 1951).

Tu Ya-ch'üan　杜亚泉

Tung-wu-hsüeh ta-tz'u-tien（《动物学大辞典》）, (2nd ed., Shanghai, 1933).

Waley, Arthur　阿瑟·魏理

The Secret History of the Mongols and other pieces（《蒙古秘史及其他》）, (London, 1963).

Wallace, Alfred Russel　阿尔弗雷德·拉塞尔·华莱士

Island Life; or the Phenomena and Causes of Insular Faunas and Floras; Including a Revision and Attempted Solution of the Problem of Geological Climates（《岛屿生命：海岛动植物区系的现象和起因，兼论地质气候问题的修正和解决方案》）, (Third and Revised ed., London, 1911)

Burton Watson　华兹生

Su T'ung-po; Selections from a Sung Dynasty Poet（《宋代诗人苏东坡选集》）, (New York and London, 1965).

Wheatley, Paul　鲍威里

The Golden Khersonese: Studies in the Historical Geography of the

Malay Peninsula before A. D. 1500（《黄金半岛：公元1500年以前马来半岛的历史地理》），(Kuala Lumpur, 1961).

Wolters, O. W.　沃尔特斯

"The 'Po-ssu Pine Trees'," (《波斯松树》) *Bulletin of the School of Oriental and African Studies*, Vol. 23 (1960), 323-350.

Yang Shou-Ching　杨守敬

Li-tai yü-ti yen-ko hsien-yao t'u（《历代舆地图》），(1910).

Yoshikawa Kōjirō　吉川幸次郎

An Introduction to Sung Poetry.（《宋诗概说》），Translated by Burton Watson (Cambridge, Mass., 1967).

Yule, Henry　玉尔

Cathay and the Way Thither（《东域纪程录丛》）(London, 1912)

Yule, Henry, and A. C. Burnell　玉尔、伯内尔

Hobson-Jobson: being a Glossary of Anglo-Indian Colloquial Words and Phrases, and of Kindred Terms; Etymological, Historical, Geographical, and Discursive（《英印语日常用语词典》），(London, 1886).

出版后记

　　著名汉学家薛爱华（Edward Hetzel Schafer，1913—1991），出生于美国华盛顿州西雅图市。1938年获得加州大学伯克利分校学士学位，师从著名人类学家亚弗列·克鲁伯(Alfred Kroeber)和罗伯特·罗维（Robert Lowie）。1940年获得夏威夷大学硕士学位。期间开始学习中文，受语言学大家赵元任和汉学家陈受颐的指导。二战时被征入伍，战后回到伯克利，在卜弼德（Peter A. Boodberg）教授指导下，于1947年获得东方语言学博士学位，论文乃是对南汉的研究。自1958年起，他开始担任伯克利东方语言学教授，1969年升为讲座教授，直至1984年退休。

　　薛爱华教授一生笔耕不辍，著作等身，包括《撒马尔罕的金桃》《朱雀》《神女》《珠崖》《闽国》等数部晓喻学界的大作。他对中国中古时代的研究，既承继了欧陆汉学的语文文献学传统，又旁采现代人文社会科学的发展成果，极大地丰富了西方汉学界的研究范围、视角和方法。

薛氏的著作，其无可估量的学术价值，自不待言。更难能可贵的是，薛爱华注重文采，妙笔生花，优雅可读。《珠崖》一书，恰是一个代表，正如程章灿先生在代译序中所言，本书"既有质实的史料，又有鲜艳的色彩。作者的描述是细腻的，笔触是有感染力的"。

我们希望本书的出版，不仅能让读者对我国海南岛的历史拥有更多了解，而且能领略薛氏著作的无穷魅力。由于时间和水平有限，书中难免有错漏之处，恳请读者诸君批评指教，以伺后日修订，以求尽善尽美。

图书在版编目（CIP）数据

珠崖 /（美）薛爱华著；程章灿，陈灿彬译. -- 北
京 : 九州出版社, 2020.11（2023.11 重印）
ISBN 978-7-5108-9559-3

Ⅰ.①珠… Ⅱ.①薛… ②程… ③陈… Ⅲ.①海南岛
—地方史—研究 Ⅳ.① K296.6

中国版本图书馆 CIP 数据核字 (2020) 第 206137 号

著作权合同登记号 图字：01-2020-6384

珠崖

作　　者	［美］薛爱华 著　程章灿 陈灿彬 译
出版发行	九州出版社
地　　址	北京市西城区阜外大街甲 35 号 (100037)
发行电话	（010）68992190/3/5/6
网　　址	www.jiuzhoupress.com
印　　刷	北京盛通印刷股份有限公司
开　　本	889 毫米 × 1194 毫米　32 开
印　　张	7.5
字　　数	137 千字
版　　次	2020 年 11 月第 1 版
印　　次	2023 年 11 月第 5 次印刷
书　　号	ISBN 978-7-5108-9559-3
定　　价	52.00 元